Dagmar

Drachen
Spiele mit dem Wind

*Leichtwindmodelle
zum Nachbauen*

Rainer Neuner

Drachen

Spiele mit dem Wind

AT Verlag

Inhalt

- **7 Werkzeug und Arbeitsmaterial**
- 8 Werkzeuge und Arbeitsplatz
- 10 Segelmaterial
- 12 Stabmaterial
- 15 Verbinder
- 17 Weitere Bauteile und Zubehör
- 20 Leime, Harze und Kleber
- 21 Schnüre und Knoten

- **29 Arbeitstechniken**
- 30 Schablonen
- 31 Punktieren und andere Fixiermethoden
- 32 Nadel und Faden
- 33 Einstellung der Nähmaschine
- 35 Nähen
- 37 Applizieren

- **39 Windspiele**
- 41 Windräder
- 45 Baskets
- 49 Spielband
- 51 Spielsegel
- 55 Fahnen und Banner

- **61 Drachenmodelle**
- 63 Eddy
- 67 Yakko
- 71 Della Porta
- 77 Genki
- 83 Schwalbe
- 89 Vogelkette
- 95 Edo
- 109 Hakkaku

- **119 Zubehör**
- 121 Fähnchenschnur
- 123 Bodenanker
- 124 Ausrüstung
- 125 Drachentasche

- **127 Anhang**
- 128 Sicherheit beim Drachenfliegen
- 129 Windtabelle
- 131 Adressen

Werkzeug und Arbeitsmaterial

Werkzeuge und Arbeitsplatz

Zum Drachenbauen braucht es nicht viele Werkzeuge. Diese sollen in erster Linie funktionell und von guter Qualität sein: *Scheren und Messer* müssen gut schneiden, ihre Klingen ebenso wie jene von Feilen und Sägen stabil sein.

Mit einem *Bleistiftspitzer* lassen sich die Enden von Rundholzstäben einfach und schnell anspitzen.

Ein *Feuerzeug* sollte der Drachenbauer immer bei sich haben. Es leistet oft gute Dienste, zum Beispiel zum Durchbrennen von Schnüren, vor allem aber wird es zum Verschmelzen von Drachenschnüren verwendet. Achtung, die Schnurenden werden heiss und schwarzbraun, wenn sie zu lange über die Flamme gehalten werden.

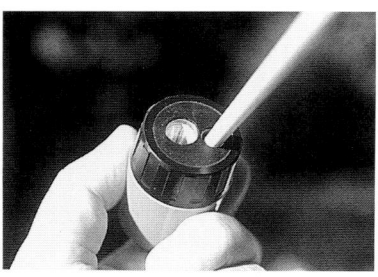

Lötkolben: Ich arbeite mit zwei Modellen. Zum Punktieren oder Ausbrennen von Kreisen verwende ich einen kleinen 10/15-Watt-Lötkolben, dessen Spitze ich ganz spitz zugefeilt habe. Zum Schneiden von Stoffbahnen oder Segelteilen verwende ich einen 100-Watt-Lötkolben, dessen flache Spitze ich ebenfalls ringsherum angespitzt habe, damit ich einen dünnen, gleichmässigen Schnitt erhalte. Beim Schneiden setzen sich Materialreste auf der Lötkolbenspitze fest. Deshalb sollte sie von Zeit zu Zeit gereinigt und nachgeschliffen werden.

Zum Schneiden braucht es eine harte Unterlage. Am besten eignet sich eine Glasplatte oder ein alter Spiegel (siehe unten, «Zuschneidetisch»). Da Glas sehr viel Wärme von der Lötkolbenspitze ableitet, muss man den Lötkolben langsam der Schnittkante entlang ziehen. Zum Schneiden kann der Lötkolben gezogen oder gestossen werden. Halten Sie dabei den Stoff gut gespannt. Ist er zu locker, kann er sich wellen, und man brennt schnell ein unschönes Loch hinein.

Eine *Gartenschere* dient zum Schneiden von dünneren Holzstäben. Wichtig ist dabei, einen schönen Schnitt zu erhalten, ohne das Holz zu quetschen. Dazu braucht es eine gute, scharfe Schere.

Eine *Metallschiene* hilft, lange gerade Schnitte mit dem Messer oder Lötkolben auszuführen. Das Messer kann in das Metall nicht eindringen, der Lötkolben es nicht verbrennen.

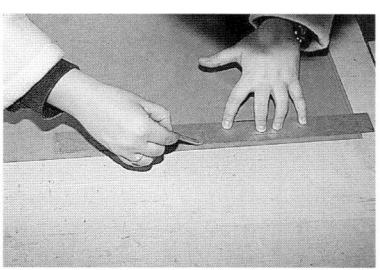

Ich habe mir mit der Zeit verschieden breite Schienen (2 cm und 3 cm) zugelegt, mit denen ich auch einen schmalen oder breiteren Saum schnell markieren kann.

Säge: Der Drachenbauer braucht zwei Sägen, eine mit groben Zähnen für Holz und eine mit feinen Zähnen (Metallsägeblatt) für Glas- oder Kohlefaserstäbe.

Feilen und Schleifpapier in verschiedenen Körnungen muss man immer zur Hand haben. Neben einer Holzraspel braucht es eine feine breite Feile zum Entgraten, zum Beispiel von selbst zugeschnittenen Aluminiumverbindern. Mit einer feinen Dreikantfeile trenne ich dünne Stäbe direkt durch (siehe Seite 12, «Stabmaterial»).

Scheren: Am besten verwenden Sie drei Scheren, eine grosse für Stoff, eine mittlere für Papier, Schnur usw. und eine kleine zum Abschneiden der Nähfäden. Mit der Stoffschere kein Papier schneiden, das macht sie stumpf.

Messer: Zum Ausschneiden der Schablonen braucht es ein kräftiges, stabiles Messer. Empfehlenswert ist ein Teppichmesser, bei dem die Klinge ausgewechselt werden kann. Für feinere Arbeiten ist ein Messer mit abbrechbarer Klinge, ein sogenanntes Papier- oder Japanmesser, besonders geeignet.

Der *Zuschneidetisch* sollte lieber zu gross als zu klein sein. Er sollte mindestens 106 cm breit sein; dies entspricht einer Stoffbahnbreite; die Länge kann zwischen 106 cm und 200 cm liegen.

Die beste Unterlage bildet eine dicke Glasplatte, auf der man optimal mit dem Lötkolben heissschneiden oder auch mit dem Messer arbeiten kann. Dazu kommt, dass Sie auf einer Glasplatte mit Beleuchtung von unten viel einfacher arbeiten können, was sich vor allem bei Applikationsarbeiten bewährt. (In Glasereien oder Fensterfabriken gibt es manchmal günstige Einzelstücke zu erhandeln. Zu beachten ist, dass eine grosse Glasplatte genügend abgestützt wird.)

Ebenfalls gut geeignet ist ein Aluminiumblech oder eine wärmefest beschichtete Holzplatte.

Zum Zuschneiden kleiner Teile arbeite ich auf einem alten Spiegel.

Segelmaterial

Beim Drachenbau mit modernen Materialien spielt Ripstop wohl die zentrale Rolle, daneben kann man aber auch andere Materialien einsetzen.

Ripstop-Nylon

Seitdem es Ripstop-Nylon (Spinnakernylon) gibt, hat sich die Welt des Drachenbauers grundlegend verändert. Es ist wie ein Aufbruch zu neuen Ufern.

Ripstop gibt es als Nylon- und als Polyestergewebe. Weit gefasst, kann man auch noch armiertes Mylar dazuzählen. Ripstop wird in vielen Gewichten angeboten. Für den Drachenbauer sind die Gewichte zwischen 20 und etwa 80 g/m² interessant. Persönlich arbeite ich mit einem Gewicht von 35 bis 60 g/m². Wer ganz leicht bauen möchte, das heisst um und unter 20 g/m², der muss auf die Suche nach armiertem Mylar oder Polyester gehen.

Den Namen «Ripstop» erhielt das Material von den eingewobenen starken Kett- und Schussfäden, welche die Aufgabe haben, das Gewebe nachhaltig zu verstärken. Die Kett- und Schussfäden bilden Quadrate von etwa 3 bis 20 mm Seitenlänge, in der Gewichtsklasse um 40 g/m² beträgt die Seitenlänge der Quadrate etwa 4 mm. Ripstop hat in der Längsrichtung eine geringere Dehnung als in der Querrichtung. Achten Sie darauf, das Material immer in derselben Richtung zu verarbeiten; dies hat unter Umständen viel Abfall zur Folge.

Ripstop-Nylon ist ein- oder beidseitig mit einer Silikonschicht versehen, manchmal sogar in doppelter Ausführung. Die Oberfläche wird dadurch glatt und windundurchlässig, zugleich aber auch schwer zu bemalen. Polyestergewebe dagegen ist gut zu bemalen oder zu bedrucken. Die meisten Designersegel sind aus diesem Material hergestellt. Polyestergewebe ist noch recht selten auf dem Markt erhältlich.

Ripstop gibt es in vielen (um hundert) Farben und Farbnuancen. Die ganze Auswahl trifft man aber nur selten an. Das Material hat eine Lichtechtheit von etwa 100 Stunden (je nach Farbe und Hersteller verschieden). Leuchtfarben und leichtere Stoffe bleichen schneller aus.

Ripstop sollte man, um es gut verarbeiten zu können, faltenfrei lagern, am besten auf Kartonröhren o. ä. gerollt.

Man sollte beim Verarbeiten nie verschiedene Qualitäten miteinander mischen, da sich je nach Hersteller die Eigenschaften des Materials geringfügig unterscheiden können. So kann zum Beispiel die Dehnung variieren, und beim Mischen verschiedener Materialien können derartige Dehnungsunterschiede auftreten, dass es zu unschönen Falten im Segel, ja sogar zum Platzen oder Reissen von Nähten kommen kann.

Ripstop hat einen starken, im Gegenlicht gut sichtbaren Glanz. Daher ist es auch aus ästhetischen Gründen wichtig, auf den Faserverlauf zu achten. Der Glanzeffekt kann auch gezielt für besondere Effekte bei Applikationen eingesetzt werden.

Ripstop kann man mit einem scharfen Messer oder einer Schere schneiden, die Schnittkanten müssen dann jedoch gesäumt werden, da sie sonst ausfransen würden. Mit dem Lötkolben heiss geschnittene Kanten sind zugleich auch verschmolzen. Kleine Drachen benötigen dadurch keinen Saum an den Aussenkanten. Da beim Heissschneiden Dämpfe entstehen, ist für gute Lüftung beim Arbeiten zu sorgen.

Tyvek

Dieses Bespannmaterial aus Polyethylen ist ein Tausendsassa. Es ist sehr günstig im Preis, lässt sich kleben, nähen und bemalen. Nachteil: Es dehnt sich unter dem Druck des Windes recht schnell aus.

Seide

ist ein ideales Material, das sich nähen oder kleben und hervorragend bemalen lässt. Seide sollte zusammen mit Bambus eingesetzt werden. Werden Glasfaser- oder Kohlefaserstäbe verwendet (siehe unten), entstehen zu grosse Spannungen, die die Seide nicht aushält. Nachteil: sehr teuer.

Baumwolle

ist ein sehr gutes Segelmaterial. Sie ist in unendlich vielen Farben und Mustern erhältlich und einfach in der Verarbeitung. Nachteile: hohes Gewicht (ab etwa 80 g/m^2), im allgemeinen jedoch über 100 g/m^2. Auch nimmt Baumwolle Wasser auf, was zu Veränderungen der Segelform und beim Trocknen zu Spannungen führen kann.

Pergamin- oder Drachenpapier

ist für kleine, nicht zusammenlegbare Drachen bestens geeignet und wird daher für Kinderdrachen häufig verwendet. Nachteil: wenig haltbar, sehr empfindlich auf Luftfeuchtigkeit.

Mylar

ist eine leichte und recht haltbare Folie, die neuerdings auch armiert erhältlich ist. Es gibt sie auch farbig bedampft. Nachteil: kann nur geklebt werden.

Polyesterfolie

ist nicht sehr formstabil oder armiert sehr schwer. Nachteil: kann nur geklebt oder geschweisst werden.

Stabmaterial

Die Auswahl an Stäben ist heute ungemein gross. Die wichtigsten Materialien sind Holz, Glasfaser und Kohlefaser.

Kohlefaser (CFK) ist das Material der Stunde. Es wird vor allem für Lenkdrachenkonstruktionen verwendet. Kohlefaser ist bedeutend leichter als Glasfaser, zum Teil auch leichter als Holz, dabei sehr steif und verleiht damit den Konstruktionen von kleinen und mittleren Drachen eine hohe Formtreue, auch unter Winddruck. Auch für Einleiner ist dieses Material hoch geschätzt, in erster Linie wegen des geringen Gewichts. Auf der anderen Seite ist die geringe Formkraft oft der Hauptgrund, der gegen die Verwendung von Kohlefaserstäben spricht. Werden diese nämlich ge- oder verbogen, brechen sie häufig bei geringster zusätzlicher Belastung.

Glasfasermaterial (GFK) ist wegen des hohen Glasanteils relativ schwer, dafür kann man es gut biegen und den Drachen so auch formen.

Aus Kohlefaser und Glasfaser sind volle Rundstäbe, Rohre und Flachprofile im Handel.

Vollstäbe sind in Durchmessern von etwa 1 bis 10 mm und meist in Längen von 1, 1,5 und 2 m erhältlich.

Bei den *Rohren* sind die Grössen so abgestimmt, dass der Aussendurchmesser genau in den Innendurchmesser des nächstgrösseren passt, GFK-Stäbe meistens in metrischen Abmessungen, CFK-Stäbe vor allem in amerikanischen Zollmassen. Daher gilt es aufzupassen, wenn man Stäbe kombinieren will. Die Rohre gibt es ab etwa 4 mm Durchmesser, bei CFK-Stäben bis etwa 14 mm Durchmesser, bei GFK-Stäben bis über 24 mm. Die gängigen Rohrlängen sind bei GFK 1, 1,5 und 2 m. CFK-Ausführungen haben oftmals eine Länge von 82,5 oder 84 cm. Dies liegt daran, dass diese Stäbe als Pfeilschäfte entwickelt und produziert wurden. Die Hersteller bieten heute aber auch immer häufiger die Standardlängen 1 m und 1,5 m an.

Die verwirrende Vielfalt der angebotenen Stabmaterialien geht zu einem guten Teil auf unterschiedliche Produktionsverfahren zurück. Das Gros aller Stäbe wird gezogen, entweder als Halbschalen, die später verklebt werden, oder seltener direkt als Rohre. Die gleiche Produktionsmethode wird für Vollprofile angewendet. Die teureren Stäbe werden gewickelt, wobei es einen Qualitätsunterschied bedeutet, ob nur in eine Richtung oder vorwärts und rückwärts gewickelt wird. Diese kreuzgewickelten Stäbe sind absolute Spitzenprodukte und kaum zu bezahlen.

Rohre, die auf ein Aluminiumband oder -rohr gewickelt sind, sind Spezialapplikationen. Persönlich scheint mir, dass da mehr fabrikationstechnische als drachenbautechnische Gründe dahinterstehen. Viel wichtiger ist für den Drachenbauer das Mischungsverhältnis von Glas- oder Kohlefaser zum Harz und die Frage, welcher Harztyp eingesetzt wird. Das Harz entscheidet zum Beispiel darüber, ob der Stab elastisch, hart oder spröd-hart ist, ob er kälte- oder hitzeempfindlich ist. Es werden Polyesterharze oder Epoxyharze eingesetzt. Allein bei diesen Punkten gibt es Hunderte von Möglichkeiten. Dabei kann, aber muss der teurere Stab nicht unbedingt der bessere sein.

**Verarbeiten
von CFK- und GFK-Stäben**

Beim Verarbeiten, zum Beispiel beim Bohren, Schleifen, Sägen, von GFK- oder CFK-Produkten entsteht ein Staub, der nicht eingeatmet werden sollte. Das Tragen einer Staubmaske ist dringend geraten. Der Staub kann auch in die Poren der Haut eindringen und starken Juckreiz, manchmal sogar Allergien verursachen. Um dem vorzubeugen, empfehle ich Ihnen, die exponierten Körperpartien gut und vollständig einzucremen; die Creme sollte die Hautporen ausfüllen, so dass kein Staub eindringen kann. Nach der Arbeit waschen Sie sich die Hände kalt (kaltes Wasser verhindert, dass sich die Poren weiter öffnen). Wenn Allergien auftreten, sollten Sie den Kontakt zu diesen Materialien meiden.

Beim Trennen von GFK- und CFK-Materialien passiert es häufig, dass einzelne Fasern ausreissen. Es gibt verschiedene Möglichkeiten, um dies zu verhindern. Generell gilt:

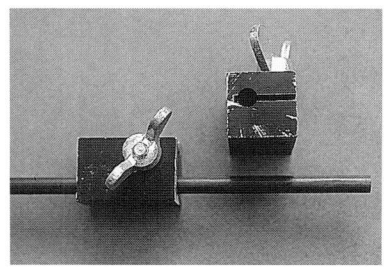

Spannbacken, ein hilfreiches Werkzeug

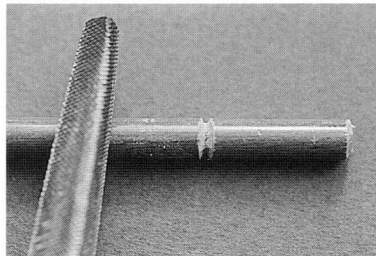

Das Kerben mit der Feile verhindert ein Ausfasern.

Mit feinen Werkzeugen arbeiten! Grobe Werkzeuge bewirken Ausreissen. Profis arbeiten ausschliesslich mit Diamantwerkzeugen.
Stäbe durchtrenne ich immer in einer Kreislinie, sorgfältig rundherum von aussen nach innen. Am Ende, vor dem Durchbruch, ohne jeden Druck arbeiten, um ein Einreissen zu vermeiden. Dünne Stäbe oder Rohre feile ich mit einer Dreikantfeile durch. Muss ich mit der Säge arbeiten, wähle ich eine mit so feinen Zähnen wie möglich.
Wenn man häufig die gleichen Stabgrössen verwendet, empfiehlt es sich, mit Spannbacken zu arbeiten. Auf Anfrage sind diese bei den Stabherstellern erhältlich.
Nach dem Sägen sollte man die Schnittkanten runden. Dies geschieht am einfachsten mit feinem Schleifpapier oder einer feinen Feile.

Um die Stäbe zu kleben oder zu leimen, sollte die Oberfläche angeschliffen werden. Der Leim hält dann besser. Ebenso ist ein Anschleifen vor dem Anbringen von Farbmarkierungen dringend zu empfehlen.

Verarbeiten von Holzstäben

Beim klassischen Stabmaterial Holz ist die Verarbeitung nicht so kompliziert, sind uns die Arbeitstechniken viel geläufiger.
Der Drachenbauer benötigt ein langfaseriges Holz, das nicht so schnell bricht. Diese Eigenschaften bietet *Raminholz*. Ein Holz, das zugleich formbar, stabil und flexibel-elastisch ist, finden wir im *Bambus*. Bambus ist das Grundmaterial im klassischen Drachenbau. Leider finden wir bei uns nur schwer die Bambussorten, die am besten geeignet wären. Der Bambus sollte 15 bis 20 cm Durchmesser haben und die Ringe möglichst weit auseinander liegen. Solcher Bambus ist gut zu spalten und zu bearbeiten. Heimische Hölzer sind für unsere Bedürfnisse nur bedingt geeignet. Buche ist sehr schwer, nicht elastisch genug und nimmt Wasser auf, was wiederum leicht zum Verbiegen führt. Fichte und andere Tannenhölzer unserer Breiten sind nicht feinfaserig genug. Sie trocknen rasch aus und verlieren so ihre Elastizität. Sie sind noch am ehesten als Leisten zu verwenden.

Verbinder

Verbinder verwendet man hauptsächlich zum Zusammenstecken von Stäben.

Mit *geraden Verbindern*, den sogenannten Muffen oder Hülsen, verlängert man Stäbe. Es gibt sie aus Messing und/oder Aluminium. UL-Aluminium steht für besonders dünnwandiges und darum ultraleichtes Aluminium. Viele dieser Muffen besitzen einen Kern oder eine Einkerbung als Anschlag. Dadurch kann man den Stab nicht durch die ganze Hülse schieben. Die Masse dieser Verbindungselemente sind standardisiert.
Neben den Aussenkernverbindern gibt es auch Muffen in der Grösse der Innendurchmesser, die in die Rohre gesteckt werden.

Kreuzverbinder dienen der Drachenkonstruktion. Mit ihnen wird der die Flugstabilität erhöhende Flächenwinkel des Drachens gebildet. Kreuzverbinder gibt es für dünne Stäbe von 2 bis 10 mm Durchmesser; die verschiedenen Grössen sind meist farblich unterschieden. Die Winkelgrade können zwischen verschiedenen Fabrikaten variieren.

Tip: Wenn man die Wandstärke dabei nicht zu sehr schwächt, kann man den Verbinder vorsichtig auf Stabdurchmesser aufbohren.

Extradünne Aluminiumrohre finden wir im Modellbau, normale Rohrdurchmesser im Do-it-yourself-Handel. Spezielle Rohre bezieht man über den Fachhandel. Braucht man andere Verbinder, sei es für spezielle Winkel oder Stabdurchmesser, kann man diese aus Messing-, Kupfer- oder Aluminiumrohren selbst herstellen.

Die Verarbeitung von Verbindern

Die Hülse oder der Kern muss präzise in oder auf den Stab passen. Die Stabbruchzone liegt genau auf der Aussenkante des Verbinders. Je schlechter die Durchmesser aufeinander abgestimmt sind, desto grösser ist die Bruchwahrscheinlichkeit an dieser Stelle!
Kombinierte Innen- und Aussenverbindungen stellen optimale Lösungen dar.

- Rohre sollten zusätzlich etwa 1 cm über den Verbinder hinaus gefüllt werden.
- Verwenden Sie zum Verleimen einen Epoxy-Zweikomponentenkleber.
- An Stäben, die später gebogen werden, sollte der Verbinder wegen der Bruchgefahr nicht in der Stabmitte sitzen, sondern es sind besser zwei Verbinder an den Enden des Stabs anzubringen.
- Die Länge des Verbinders sollte pro Stabseite mindestens fünfmal den Durchmesser betragen. Je länger die Stabführung im Verbinder ist, desto besser.

Die gewünschte Länge, z. B. 10 cm, wird abgesägt. Anschliessend werden alle scharfen Kanten entfernt, aussen mit der Feile, innen mit einem Ansenker oder einer Rundfeile. Die Oberfläche des Stabes wird angeschliffen. Das Rohr wird mit einem ca. 6 cm langen eingeklebten Holzstück gefüllt. Dann bringen wir auf dem Stab eine der halben Länge der Hülse (5 cm) entsprechende Markierung an. Wir bestreichen den Stab dünn mit Epoxykleber und schieben die Hülse unter leichtem Drehen bis zur Markierung auf. Nach dem Trocknen verschliessen wir den Übergang zwischen Hülse und Stab mit Isolierband oder einem Schrumpfschlauch (siehe Seite 18).

Verbindung mit Schlauchstücken

Für flexible Lösungen eignen sich Schlauchstücke ideal. Die Haltbarkeit und Stabilität solcher Verbindungen kann man in beschränktem Mass mit der entsprechenden Materialwahl steuern. Gegebenenfalls können auch zwei ineinandergezogene Schläuche verleimt werden.
Die Stücke werden am einfachsten mit der Gartenschere oder mit einem Messer auf die gewünschte Länge geschnitten.

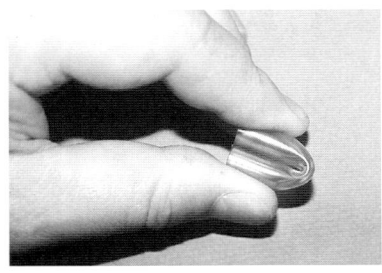

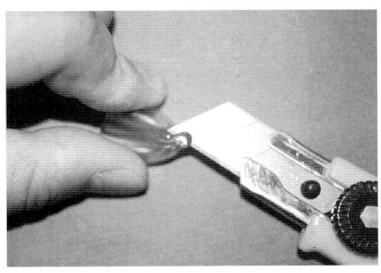

Kleinere Löcher bringt man mit der Lochzange, grössere mit einem entsprechenden Locheisen an.

Kerben schneiden Sie wie folgt: Das Schlauchstück in der Mitte knicken. Die entstehende Kante einschneiden. Wenn wir sie vollständig abschneiden, erhalten wir ein Loch, schneiden wir nur bis zur Mitte ein, entsteht eine Kerbe.

Achtung: Beim Zuschneiden, um Verletzungen zu vermeiden, das Messer immer von sich weg führen. Die Führung des Messers braucht etwas Übung, damit Sie nicht darüber hinaus schneiden.

Dreht man einen Schlüsselring ein, ergibt dies eine Endkappe, an der man via Schlüsselring gleich noch die Spannschnur befestigen kann. Kurze Schlauchstücke dienen zudem als Stopper oder Anschläge.

Weitere Bauteile und Zubehör

Dem Drachenbauer stehen heute eine Vielzahl von Bauteilen und Zubehör zur Verfügung, und ständig kommen neue oder verbesserte Produkte auf den Markt. Viele dieser Bauteile haben das Drachenbauen vereinfacht und neue, moderne Bautechniken erst ermöglicht. Die wichtigsten werden im folgenden beschrieben.

Die Masseinheit für diese Teile ist N (Newton):
1 kg ~ 10 N = 1 daN
150 kg = 1500 N = 150 daN

Ringe

Schlüsselringe sind praktisch, da sie jederzeit in eine bestehende Öse, Lasche oder Schlaufe eingehängt werden können. Schlüsselringe sind meistens in den drei Grössen 14, 20 und 25 mm erhältlich.

Ringe aus Aluminium sind in Grössen von 10 bis 32 mm Aussendurchmesser erhältlich. Es ist darauf zu achten, dass sie nicht scharfkantig sind, da sie sonst Schlaufen u. ä. durchscheuern.

D-Ringe aus Aluminium gibt es in den Innenweiten 9 bis 23 mm. Dank der einen geraden Seite läuft die Schlaufe auf der vollen Breite und wird nicht auf einem Punkt zusammengezogen. So werden auch Falten im Stoff vermieden.

Dreikantringe aus Aluminium werden gelegentlich für spezielle Anwendungen gebraucht. Sie sind nur selten im Angebot zu finden. Je nach der Grösse passt ein Stab genau zwischen die drei Schenkel. Der Stab ist so optimal geführt.

Schnurspanner gibt es in den verschiedensten Ausführungen. Bei diesen Teilen ist darauf zu achten, dass sie keine scharfen Kanten haben. Bei Bedarf müssen scharfe Kanten mit einer Feile oder mit Schleifpapier nachgearbeitet werden.

Clips aus Stahl werden gerne zum Verbinden von Waageschnüren, vorab bei Lenkdrachen, eingesetzt.

Geschweisste Ringe aus Stahl sind für die meisten Anwendungen ebenso geeignet wie Aluminiumteile. Ihr Nachteil liegt darin, dass sie schwerer sind als Aluminium und dass sie rosten.

Für kleinere Drachen bis ca. 35 daN Zugkraft kann man auch Ringe aus Plastik oder Messing (hohle Vorhangringe) verwenden.

Wirbel

Früher waren Wirbel nur im Fischereihandel erhältlich, heute ist die Auswahl auch in den Drachenläden bedeutend angewachsen. Wirbel gibt es von 1,5 bis 250 daN Tragkraft mit und ohne Karabiner. Die Karabiner gibt es in verschiedenen Formen. Nicht alle Formen sind

Schlüsselringe

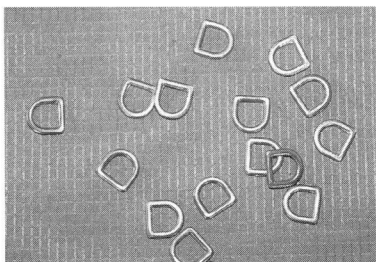
D-Ringe

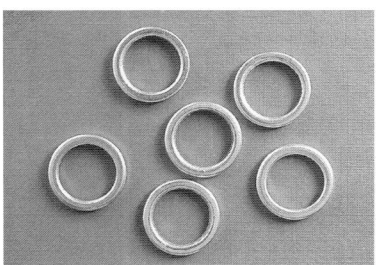
Aluminiumringe

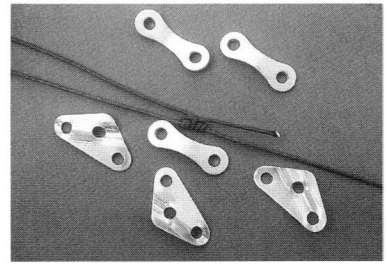
Schnurspanner

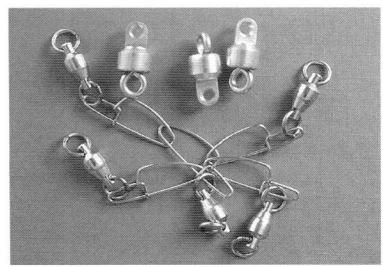

Wirbel

Pfeilnocken

gleich praktisch in der Handhabung. Wirbel mit einem Kugellager sind in der Regel weit haltbarer als normale Wirbel.

Die Wirbelgrösse muss der Schnurstärke angepasst sein. Benützen Sie zum Beispiel eine 45-kp-Schnur, wäre ein Wirbel von 40 kp zu klein, bei einem 50-kp-Wirbel hingegen würde aller Wahrscheinlichkeit nach zuerst die Schnur reissen, bevor der Wirbel nachgibt.

Tip: Alle Wirbel, die stark benutzt werden, sollte man von Zeit zu Zeit nachschmieren. Am besten eignet sich dazu heisses Wachs, da dieses nach dem Erkalten fest wird.

Normale Wirbel schleifen durch die Drehungen mit der Zeit aus, so dass Ihnen, wenn der Wirbel nicht rechtzeitig ausgetauscht wird, schon mal ein Windsack oder ähnliches davonsegeln kann.

Achtung: Sand verkürzt die Lebensdauer eines Wirbels gewaltig.

Wirbelhaken gibt es im Bootsbedarf. Ihre Belastbarkeit beträgt über 200 daN.

Karabiner werden zumeist bei grösseren Drachen eingesetzt. Ihre Leistung geht bis über 1000 daN. Im Bergsteigerbedarf finden sich alle möglichen Formen und Ausführungsvarianten. Ihre Funktionalität zeichnet sich dadurch aus, dass man rasch etwas einhängen und wieder freigeben kann.

Gummischutzkappen bezeichnet man auch als Stabendkappen. Auch dieses Bauteil gibt es in vielen Grössen, Formen und Farben. Sie sind passend zu den Durchmessern des Stabmaterials im Handel erhältlich.

Pfeilnocken gibt es mit Alueinsatz und/oder zum direkten Ein- oder Aufstecken auf den Stab. Pfeilnocken mit Einsatz sind nur noch selten zu finden. Der Alueinsatz verstärkt jedoch das Stabende bedeutend. Heute werden zu jedem Stab die passenden Pfeilnocken angeboten. Beim Kauf ist auf die Passgenauigkeit zu achten.

Splittkappen entsprechen in der Funktion den Pfeilnocken, sind aber auf grössere Durchmesser ausgerichtet. Es gibt sie zum Aufstecken oder Einschieben.

Winkelteile, durch die der Flächenwinkel bereits vorgegeben ist, gibt es passend für Stäbe von 2 bis 10 mm Durchmesser. Zur besseren Unterscheidung sind die diversen Grössen farblich verschieden gehalten. Je nach Fabrikat sind die Winkel verschieden ausgeführt.

Schläuche

Schlauchstücke sind eines der gängigsten Hilfsmittel, um Verbindungen herzustellen. Schläuche gibt es in vielen Varianten. Meist werden Schläuche aus Polyamid (PA) und/oder Polyvinylchlorid (PVC) verwendet. Es gibt sie armiert, das heisst verstärkt mit einem Gewebe, oder normal unverstärkt. Daneben gibt es sie in verschiedenen Wandstärken und Farben.

Für den Bau von Lenkdrachen ist der weiche *Silikonschlauch* beliebt. Er hat den Vorteil, dass er sich am Stabmaterial, das er umschliesst, richtiggehend festsaugt. Dafür ist seine Stabilität nur gering.

Noch wenig Verwendung im Drachenbau findet der *Schrumpfschlauch.* Unter Wärmeeinfluss reduziert er seinen Durchmesser stark und schrumpft so auf das unter ihm liegende Material auf. Anwendung findet er beispielsweise dort, wo sich zwei Stäbe kreuzen und aneinander scheuern könnten. Bringt man auf einen der Stäbe ein Stück Schrumpfschlauch auf, so sind die beiden Stäbe nachhaltig geschützt. Schrumpfschlauch kann auch fast überall die Verwendung von Isolierband ersetzen. Er ist, bereits zugeschnitten, u.a. im Autozubehörhandel erhältlich.

Bänder

Dacronband ist das Verstärkungsband schlechthin. Ohne dieses stabile Geflecht käme der Drachenbauer heute nicht mehr aus. Man findet es als Meterware von 4 cm und 7 cm Breite, manchmal auch als Tuch. Dacron hat ein Gewicht von etwa $170 \, g/m^2$ und ist in fast allen Farben erhältlich.

Gurtband, das seinen Ursprung als Autosicherheitsgurt hat, findet Verwendung als Traggurt bei Taschen

Gurtband

oder für Schlaufen, zum Beispiel zum Schonen der Handgelenke. Es lässt sich daraus auch eine Sitzschlaufe oder eine Schlaufe um Pfosten oder Baumstämme machen. Um eine haltbare Naht zu erreichen, näht man eine grosszügig bemessene Fläche über Kreuz fest.

Klettband findet als leicht zu öffnender und zu schliessender Verschluss an vielen Stellen Verwendung. Es ist in verschiedenen Farben und in den Breiten 16, 25 und 30 mm erhältlich. Die Grösse des Klettbandstücks muss entsprechend der Kraft, die es aushalten muss, gewählt werden, sonst öffnet sich das Band von selbst, der Verschluss hält nicht. In diesem Fall ist entsprechend längeres oder breiteres Klettband einzusetzen.

Tip: Kein selbstklebendes Klettband auf Segelstoff verwenden, der Leim verklebt beim Aufnähen die Nadel, wodurch der Faden reisst.

Isolierband: Ob als Stoff- oder Kunststoffband, ob breit oder schmal, ob verstärkt oder unverstärkt, ob durchsichtig oder farbig, Isolierband braucht der Drachenbauer immer. Ich verwende verschiedene Farben, um zusammengehörende Stäbe zu kennzeichnen. Auch dient es mir dazu, den Übergang von einem Verbinder zum anderen geleimten Stab zu verschliessen. So ist sofort zu erkennen, auf welcher Seite der Verbinder eingeleimt ist und auf welcher man den Stab herausziehen kann.

Ösen

Ösen in den verschiedensten Grössen finden häufig Anwendung im Drachenbau. Sie sind aus Messing- oder Stahlblech gefertigt. Mit einer Farbschicht überzogene Ösen sind aus Stahlblech; diese Ösen haben den Nachteil, dass sie rosten, wenn sie Feuchtigkeit ausgesetzt sind. Messingösen oxydieren auf Dauer ebenfalls. Am besten wären Ösen aus rostfreiem Stahl. Diese sind aber viel teurer und recht selten zu bekommen.

Bei Verwendung von Ösen ist auf folgendes zu achten:

- Das Segelmaterial muss verstärkt werden, zum Beispiel mit einem Stück Dacron oder einem 1 mm breiten, passenden Schlauchabschnitt, damit es nicht ausreisst.
- Ösen sollten nie belastet werden. Wenn zum Beispiel eine Waageschnur auf eine Öse drückt, wird diese nicht lang halten, die Öse muss daher sauber gesetzt werden.
- Lässt sich der Zug dennoch nicht vermeiden, sollte, bevor man die Öse schlägt, eine Stoffverstärkung untergenäht werden. Die Rundumnaht nimmt dann den Zug auf.

Mit Hilfe von einer Lochzange oder einem Locheisen schlägt man ein passendes, kleines Loch in das Material. Dies geht viel leichter, wenn man ein Stück Karton unterlegt. Zum Bördeln gibt es Nietzangen oder in der Grösse passende Werkzeuge. Am regelmässigsten werden die Bördelungen mit einer kleinen Hand-Spindel-Presse.

Locheisen und Nietzange

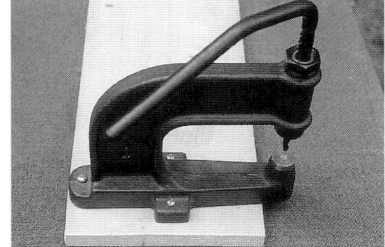

Einspindelpresse

Ösenwerkzeug

Eine sauber gesetzte Öse

Leime, Harze und Kleber

Diese drei Hilfsstoffe sind für den Drachenbau unabdingbar.

Mit *Sekundenkleber* ist schnell eine Verbindung hergestellt. Die Betonung liegt auf schnell, und schnell ist nicht immer dauerhaft. Diese Schnellkleber werden sprödhart, was unter Schock leicht zum Bruch der Leimstellen führt. Gewisse Sorten sind empfindlich auf Luftfeuchtigkeit, andere wiederum auf Kälte.

Zum *Leim* zählen Holzleim, Weissleim, Heissleim und Klebestift. Leim ist auch ausgehärtet noch flexibel, und dies noch nach Jahren. Der Nachteil liegt in der Anfälligkeit auf Luftfeuchtigkeit. Es kann passieren, dass sich bei hoher Luftfeuchtigkeit die Leimstellen lösen.

Unter *Harzen* versteht man landläufig Zwei- oder Mehrkomponenten-Polyester- oder -Epoxyharze. Diese Harze gibt es für die verschiedensten Bedürfnisse, von glashart bis gummiweich. Sie sind recht unempfindlich gegen Luftfeuchtigkeit und weisen eine hohe Festigkeit auf.

Die verschiedenen Klebstoffe werden entsprechend ihren jeweiligen Eigenschaften eingesetzt. Sekundenkleber ist bestens geeignet, um zum Beispiel eine Endkappe oder Pfeilnocke aufzuleimen. Holzleim ist für alle Verbindungen von Holz auf Holz, Papier auf Papier oder Holz mit Schnur usw. ideal. Epoxykleber eignet sich ausgezeichnet zum Verbinden von verschiedenen Materialien, zum Beispiel von einem Aluminiumverbinder auf einen GFK- oder CFK-Stab.

Einige Tips zum Kleben:
- Leimstellen müssen staub- und fettfrei sein.
- Rauhe Oberflächen verbinden sich besser als glatte. Ein Anschleifen der Leimstellen ist sehr zu empfehlen.
- Die Distanz zwischen den beiden zu verbindenden Teilen sollte so klein wie irgend möglich sein.
- Dämpfe nicht einatmen, für gute Belüftung sorgen.
- Die Anweisungen auf der Verpackung genau beachten.
- Aushärten unter Druck, soweit dies möglich ist.
- Leimstellen lassen sich durch Erwärmen, zum Beispiel durch heisse Luft, wieder lösen.

Schnüre und Knoten

Damit der Drachen steigen kann, braucht er eine Drachenschnur. Sie hält ihn im Wind. Kleine Drachen fliegen an einem haardünnen Faden oder an einem Seidenfaden. Die indischen Kampfdrachen werden an einem dünnen Baumwollfaden manövriert. Moderne Drachen fliegen an einer geflochtenen Kunststoffschnur.
Entscheidend bei den Schnüren ist das Material, die Reisskraft, die Dehnung und das Schnurgewicht.

Als *Reisskraft* wird diejenige Kraft bezeichnet, die es braucht, um eine Schnur zu zerreissen, und zwar eine ohne Knoten. Jeder Knoten, jede Quetschung oder Verletzung schwächt die Schnur, vermindert die Reissfestigkeit.
Es gibt genaue Methoden, die benötigte Reisskraft der Schnur zu berechnen. Ich halte mich seit Jahren an folgende Faustregel: Ich gehe davon aus, dass pro Quadratmeter Segelfläche eine Reisskraft von 15 kp benötigt wird. Drei Kilogramm pro Quadratmeter ist der Nettowert. Multipliziert man diesen mit fünf, was für fünffache Sicherheit steht, so erhält man $15\,kg/m^2$. Persönlich neige ich eher dazu, eine stärkere Schnur als notwendig zu fliegen. Solange der Drachen sie trägt, gibt es da keine Probleme.
Diese Regel gilt für Naturfasern ebenso wie für Kunstfasern. Wenn Naturfasern feucht werden, wird die Schnur nicht nur schwerer, sondern die Reisskraft wird auch stark reduziert. Natürlich orientiere ich mich an den Zahlen auf der Verpackung, doch bemühe ich mich beim Flug auch zu spüren, ob die Belastung in der aktuellen Situation nicht zu hoch für meine Schnur wird.

Schnurmaterialien

An natürlichen Fasern wird Seide, Baumwolle, Hanf und Sisal zu geeigneten Drachenschnüren verarbeitet. Dabei finden Seide und Baumwolle für feine Schnüre Verwendung, Hanf für mittlere Schnüre und Sisal für eher grobe Seile.
Auf der Seite der Kunstfasern ist das Angebot noch umfangreicher. Nylon, Polyester, Dacron, Trevira, Hochmodulpolyethylen und Kevlar heissen die bekanntesten Materialien für Kunstfaserschnüre.

Die aus *Nylon* gefertigten Schnüre sind meistens monofil (einschnürig). Sie eignen sich vor allem für kleine Drachen. Ihre Reisskraft liegt im allgemeinen unter 20 kp. Die preisgünstigen Schnüre aus *Polyester* werden wohl für einleinige Fesseldrachen am häufigsten verwendet. Ein Nachteil ist manchmal die grosse Dehnung. Je nach Qualität des Materials und Verarbeitung kann diese weit über 20 Prozent liegen. Für Einleiner ist diese Dehnung eher erwünscht: Der Drachen «federt» etwas, böiger Wind kann so zum Beispiel besser abgefangen werden. Schnüre aus Dacron, Trevira und ähnlichen Materialien unterscheiden sich von jenen aus Polyester in erster Linie durch eine geringere Dehnung und Unterschiede im Gewicht und beim Schmelzpunkt.

Ein Spitzenmaterial sind Schnüre aus *Kevlar* (Aramidfasern). Sie sind etwa halb so schwer wie Polyester. Die Dehnung liegt bei 4 Prozent. Zudem ist Kevlar bei gleichem Gewicht etwa fünfmal so fest wie Stahl. Dazu kommt, dass Kevlar einen weit höheren Schmelzpunkt aufweist als alle anderen Fasern. Kevlarschnüre sind mit Bedacht einzusetzen. Sie könnten bei Schnurkreuzungen alle anderen Schnüre einfach durchschneiden. Man wäre Sieger auf der Wiese, doch der Ärger mit dem Konkurrenten wäre gewaltig. Daher gilt

Schnurmaterialien im Vergleich

Material	Bruchdehnung	Spezifisches Gewicht	Schmelzpunkt °C
Polyester u. ä.	10–40 %	1,38	260
Kevlar	4 %	1,41	425
Spectra	3,5 %	0,95	150

für alle, die mit Kevlar fliegen, besondere Rücksicht zu nehmen.

Bleibt noch die zurzeit wohl beste Schnur auf dem Markt zu erwähnen. Das Material heisst Hochmodulpolyethylen, die Schnur heisst *Spectra*. Nur 3,5 Prozent Dehnung und eine hohe Festigkeit machen dieses Material zur idealen Schnur für Lenkdrachen. Wegen dieser geringen Dehnung und dem hohen Preis kommt sie für Einleiner als Flugschnur kaum in Frage.

Schnurverarbeitung

Drachenschnüre gibt es als monofile, gezwirnte und geflochtene Schnüre. *Gezwirnte Schnüre* sind aus zwei oder drei Fäden gedreht. Nach einer starken Belastung im Flug bilden sie sogenannte Perükken, wenn sie nicht gleich auf eine Haspel gerollt werden. Ein wirres Schnurknäuel ist die Folge. Das Aufzupfen ist mühsam und lohnt sich nicht, da dieser Schnurteil überdehnt ist. Angler kennen dies ebenfalls nach einem kapitalen Biss.

Bei den *geflochtenen Schnüren* gibt es fest geflochtene und locker geflochtene. Es gibt solche, die aus geflochtenen Schnüren geflochten sind. 6-, 8-, 12- oder 16fach geflochtene Schnüre sind in etwa der heutige Standard. Manche sind innen gefüllt, das sind die armierten Schnüre. Andere wiederum sind innen hohl. Diese werden als Mantelschnüre verwendet (siehe Spleissen).

Behandlung von Drachenschnüren

- Dunkel, trocken und vor UV-Strahlung geschützt lagern.
- Schadhafte Stellen ausbessern, z.B. durch Spleissen.
- Schnüre nicht unter Spannung aufwickeln, ein Rollenbruch könnte die Folge sein.
- Hängende Schnur: Wenn die Drachenschnur durchhängt, kann der Drachen das Schnurgewicht nicht tragen. Man könnte den Bereich a einziehen. Der Drachen würde immer noch gleich hoch stehen.
- Singende Schnur: Singt Ihre Schnur, weil sie im Wind angespannt ist wie eine Gitarrensaite, sollten Sie lieber eine stärkere Schnur verwenden. Die singende Schnur ist im wahrsten Sinne des Wortes zum Zerreissen gespannt, und ein verlorener Drachen zählt mehr als die Mühe des Schnurwechsels.

Spleissen

Ein Knoten kann die Leistung, das heisst die Tragkraft einer Schnur um 30 bis 60 Prozent reduzieren, während man bei knotenfreien Verbindungen mit nur 20 Prozent Reduktion rechnen muss. Durch Knoten werden Schnurfasern geknickt, was über kurz oder lang zu deren Bruch führt.

Als knotenfreie Verbindung kennt man einerseits das Ummanteln, andererseits das Spleissen (Sleeven) von Schnüren. Schnüre sind unterschiedlich eng geflochten. Manche Schnüre haben nebst dem geflochtenen Aussenmantel noch einen Kern aus monofilen Fäden. Engeflochtene oder gefüllte Schnüre lassen sich nur schwer spleissen, deshalb verwendet man hier besser die

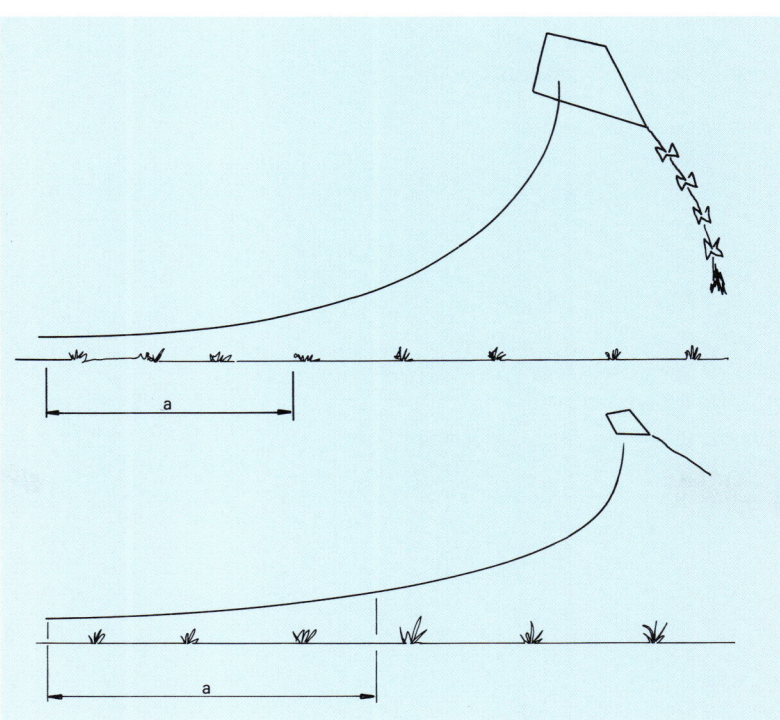

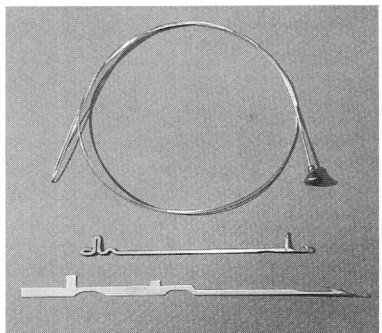

Spleissmaterial

Technik des Ummantelns (oft bei Lenkdrachen-Hochleistungsschnüren). Auch bei gezwirnten Schnüren ist die Ummantelung anzuwenden.

Ummanteln

Wir benötigen ein 15 bis 20 cm langes Stück Ummantelungsmaterial. Dieses Material ist schlauchförmig,

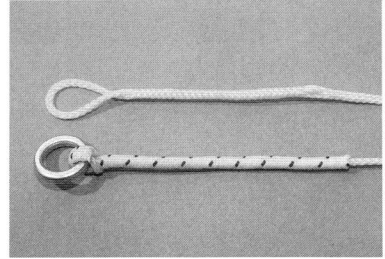

Gespleisst und ummantelt

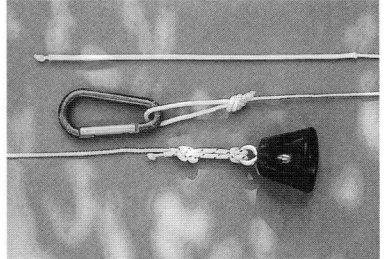

Anwendung gespleisster Schnüre

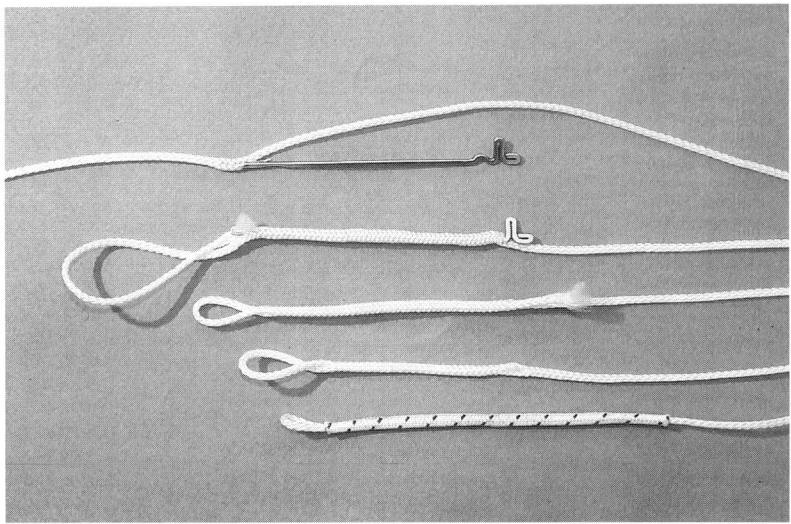

Spleissen Schritt für Schritt

also innen hohl, und in den verschiedensten Stärken erhältlich. Die beiden Enden werden vorsichtig angeschmolzen, ohne den Schlauch zu verschliessen. Die Fasern fransen so nicht aus. Nun wird das Spleisswerkzeug durch den Mantel geführt und das Schnurende im Nadelöhr durch den Mantel hindurchgezogen. Das Ende wird gegen das Zurückrutschen mit einem Knoten gesichert. Die so ummantelte Schnur kann man knoten. In die so entstandene Schlaufe lässt sich ein Karabiner einklinken, ein Wirbel befestigen oder ein Ring einlegen.

Sleeven oder Spleissen

Beim Sleeven wird das Ende zurück in die Leine gesteckt. Durch die Zugspannung wird der äussere Teil, der Mantel, gestreckt, der Querschnitt verjüngt sich. Der Kern wird dadurch fest zusammengedrückt und kann nicht mehr herausrutschen.

Es gibt verschiedene Methoden, die unter anderem auch auf das jeweilige Schnurmaterial abgestimmt sind. Ich mache es folgendermassen: Zunächst öffne ich das Geflecht am Schnurende etwa 1 cm weit. Etwa 20 cm vor dem Schnurende führe ich die Nadel in das Geflecht ein. Indem das Geflecht so weit wie möglich gelockert wird, stosse ich es etwa 5 bis 6 cm weit über die Nadel und steche dann mit der Nadel wieder heraus. Der ausgefranste Teil wird in das Nadelöhr eingelegt und durch die Schnur zurückgezogen. Das austretende Ende wird mit demselben Verfahren ganz in die Schnur eingezogen. Wer es perfekt machen will, ummantelt die entstandene Schlaufe bei der Spleissstelle zusätzlich.

Trippalstek

Dieser superschnelle Knoten ist äusserst praktisch. Mit ihm lassen sich verstellbare Schlaufen bilden. Er eignet sich besonders gut zum Einstellen der Waage.

An das Schnurende macht man als Stopper einen fest sitzenden Knoten. Danach legen wir in die Schnur eine Schlaufe, einen halben Schlag, ziehen dann das obenliegende Schnurteil in Form einer Schlinge durch die Schlaufe und ziehen den Schlaufenknoten zu. Mit dem Knotenende justiert man die Schlaufengrösse.

Benötigen Sie eine grössere Schlaufe, lässt sich dieser Knoten rasch öffnen und an einem anderen Ort neu setzen.

Buchtknoten

Der Buchtknoten ist einer der wichtigsten Knoten für den Drachenbauer. Er dient dazu, rasch einen Ring in eine Schnur einzuhängen.

Bei dickeren Schnüren passiert es häufig, dass sich der Knoten, wenn die Schnur nicht gespannt ist, öffnet. Um dies zu vermeiden, wird ein

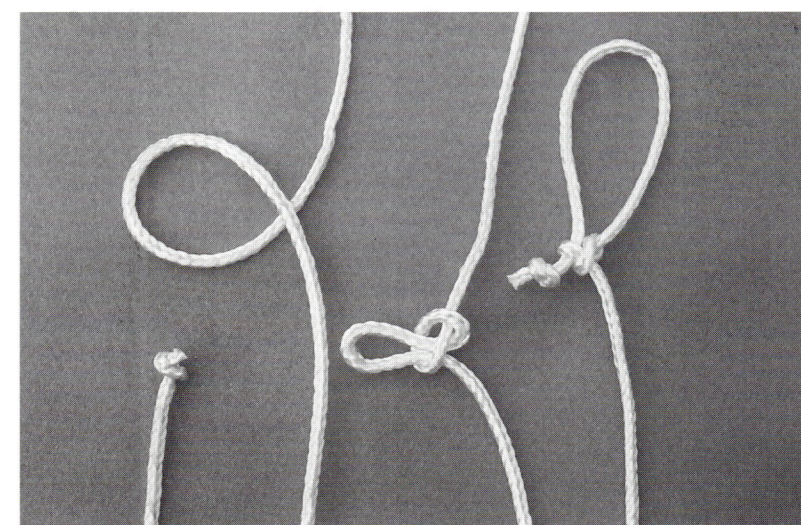
Trippalstek Schritt für Schritt

Stück Schlauch, welches ganz fest sitzen muss, auf die Schnur aufgezogen. Nachdem man den Buchtknoten eingelegt hat, wird das Schlauchstück an den Knoten angeschoben.

Für einen *doppelten Buchtknoten* dreht man den Ring statt nur einmal zweimal, doppelt, durch die Schlaufe. Dieser Knoten ist sehr fest. Er eignet sich besonders dort, wo kein weiteres Verstellen des Rings mehr erforderlich ist.

Schiebeknoten

Ein idealer, vielseitiger Knoten. Wenn man den Trick erst mal raus hat, geht er ganz schnell. Schnurspanner erübrigen sich. Dieser Knoten eignet sich hervorragend zum Feintrimmen der meisten Drachenwaagen und besonders bei solchen Drachen, die immer wieder an den herrschenden Wind angepasst werden müssen.

Der Knoten wird folgendermassen gemacht: Vier Windungen vor der Schlaufe, vier Windungen in der Schlaufe, dann das Ende der Schnur unter der Diagonale hindurchziehen und den Knoten unter Spannung zusammenziehen.

Tip: Die Windungen müssen auf der Geraden liegen!

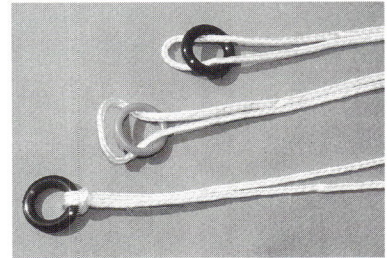
Legen einer einfachen Bucht

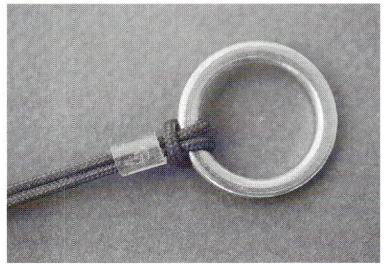
Gesicherte Bucht

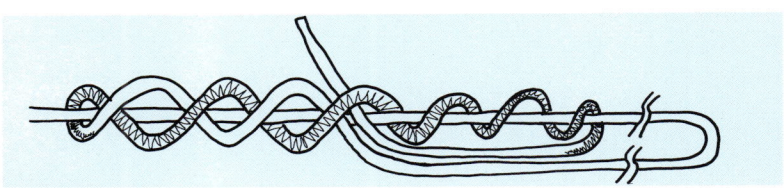
Schiebeknoten

Hinterspannen

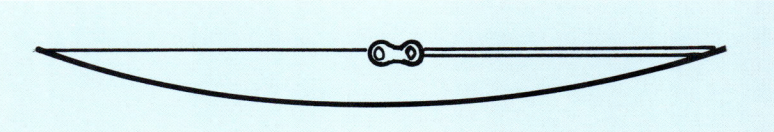

Flachdrachen werden hinterspannt, um dem Segel Profil zu geben. Die so erzielte Wölbung darf eher ausgeprägt als zu schwach sein. Häufig wird zu wenig gespannt. Man spannt gleichmässig von oben nach unten, wobei die Spannung in der Regel nach unten hin zunimmt, das heisst, dass unten kräftiger vorgespannt wird.

Damit sich die Waage nicht verstellt, sollte die Spannung immer gleich ausgeführt werden. Am besten wird eine Markierung, zum Beispiel mit Filzstift, angebracht.

Drachen, welche stark vorgespannt werden, sollten Sie nicht auf einmal durchspannen. Zwei- bis dreimaliges Verstärken der Vorspannung erspart manchen Stabbruch.

Für die Spannschnur kann eine fixe Schnurlänge verwendet werden; die Schnur wird an beiden Seiten des zu spannenden Stabes eingehängt. Dies ist einfach und zweckmässig, vor allem für kleine bis mittlere Drachen.

Um die Spannung variieren zu können, verwendet man einen Schnurspanner oder einen Schiebeknoten. Ich richte meinen Schnurspanner so ein, dass die Drachenmitte meine Orientierungshilfe ist. Bei der Montage des Schnurspanners muss die Hauptschnur durch beide Löcher geführt werden. Sie wird, nachdem sie durch einen Ring oder eine Schlaufe geführt wurde, an das hintere Loch geknotet.

Es gibt mehrere Arten von Schnurspannern im Handel. Sie lassen sich aber auch leicht selbst herstellen, zum Beispiel mit Hilfe eines Knopfes.

Spannen mit einer Perlenschnur

Mit einer Perlenschnur spannen heisst sich den Umständen anpassen können. Wenn man an grösseren Drachen mit Pfeilnocken oder Splittkappen arbeiten will, ist eine Gummischnur, wie sie bei den Lenkdrachen eingesetzt wird, nicht stark genug. Die notwendige Segelspannung ist so nicht zu erreichen. In diesem Fall hilft die Perlenschnur weiter.

Ist zum Beispiel im Winter die Dehnung des Segels geringer als im Sommer bei hohen Temperaturen, können diese Unterschiede einfach durch das Verschieben von Perlen ausgeglichen werden.

Auf eine Schnur werden fünf bis sechs Holzperlen gefädelt. Perlengrösse und Schnurstärke müssen entsprechend angepasst sein. Dann wird die Schnur auf die gewünschte Länge verknotet und mit einem Buchtknoten in einen Ring oder eine Schlaufe eingelegt. Fertig zum Spannen.

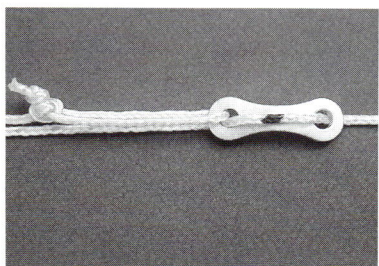

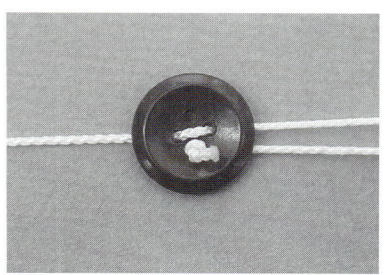
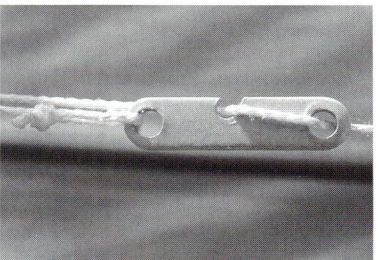

Verschiedene Schnurspanner

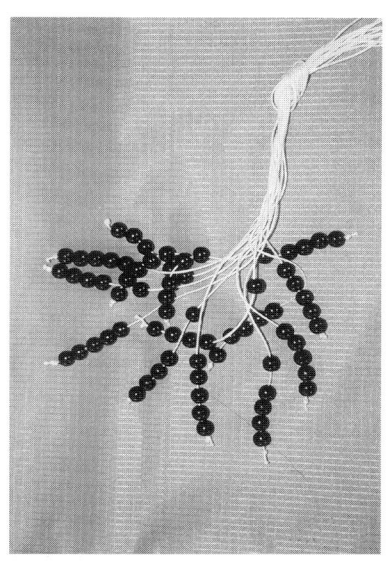

Ein Nachteil der Perlenschnur ist, dass sich Waageschnüre, die nicht angespannt sind, leicht darin verfangen.

Hexenleiter

Um lange Waagen aufzuräumen und sich stundenlanges Entwirren zu sparen, gibt es nichts Besseres als eine durch Fingerhäkeln hergestellte sogenannte Hexenleiter. Zunächst werden die Waageschnüre gestrafft. Sie sollen sich nicht verschlingen können.

Die Hexenleiter beginnt beim Waagepunkt mit einem halben Schlag. Durch diese Schlaufe werden die Schnüre gezogen. Es bildet sich erneut eine Schlaufe. Durch diese Schlaufe greift man die Schnüre erneut und zieht sie wiederum hindurch zu einer Schlaufe. Und so fahren wir fort mit Schlaufenbilden, Durchgreifen, Durchziehen, Schlaufenbilden. Sie können ganz nach Belieben enge oder weite Schlaufen ziehen.

Bei sehr langen Waagen können Sie aus dem so entstandenen Zopf einen zweiten machen und, wenn es sein muss, auch noch einen dritten. Damit das Ende nicht aufgeht, sichere ich es mit dem Karabiner vom Waageende.

Das Öffnen ist einfach. Wenn die letzte Schlaufe frei ist, muss man

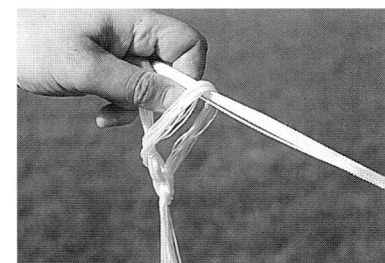

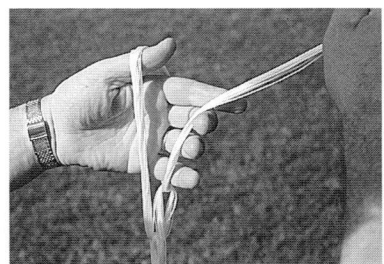

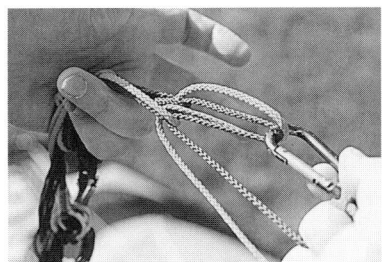
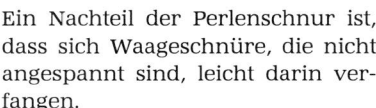

Hexenleiter Schritt für Schritt

nur ziehen, und ein Knoten nach dem anderen öffnet sich.

Achtung: Den Knoten nie durchziehen, sonst ist die Hexenleiter nur noch sehr schwer zu öffnen.

Arbeitstechniken

Schablonen

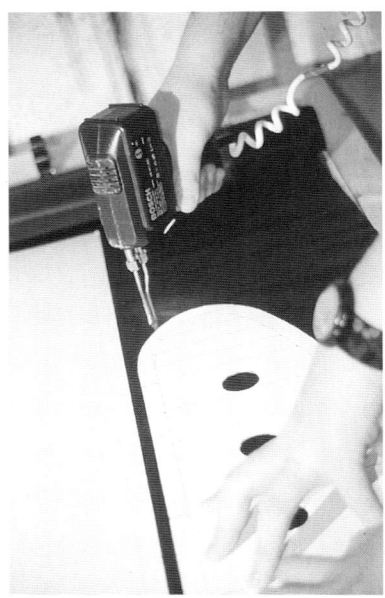

Schneiden mit dem Lötkolben

Schablonen sind eine grosse Hilfe beim Zuschneiden einzelner Segelteile. Sie erlauben, zeitsparend und ohne die wiederholte Arbeit des Markierens ein und dieselbe Form mehrfach herzustellen.
Je nach Beanspruchung fertige ich meine Schablonen aus Aluminiumblech oder Sperrholz oder aus Karton. Schnittmuster aus Papier haben sich für mich nicht bewährt. Wichtig beim Erstellen von Schablonen ist genaues Arbeiten. Selbst kleine Fehler wiederholen sich mit unliebsamen Folgen, wenn die Abweichung nicht rechtzeitig entdeckt wird.
Kartonschablonen schneide ich mit einem Messer aus. Dabei ist darauf zu achten, auf keinen Fall abzugleiten und in die Schablone zu schneiden; sie würde dadurch unbrauchbar. Für grosse Schablonen müssen eventuell mehrere Kartonstücke aneinandergesetzt werden. Sie werden beidseitig mit Klebeband aneinandergeklebt, dann die Form der Schablone aufgezeichnet und ausgeschnitten.
Zur Kontrolle des Fadenlaufs versehe ich jede Schablone mit einem Loch von 2 bis 3 cm Durchmesser und markiere daneben mit einem Pfeil die Richtung des Fadenlaufs. Mit diesem Trick ist das Ausrichten auf den Fadenlauf ganz einfach zu bewerkstelligen.

Um ein schönes Sujet oder ein Muster beispielsweise von einem Bild auf Drachengrösse zu übertragen, können Sie sich, wenn Sie nicht ein genügend guter Zeichner sind, mit einem Trick behelfen: Erstellen Sie von dem Wunschbild ein Diapositiv,

befestigen Sie an einer Wand ein Packpapier in der gewünschten Drachengrösse, und projizieren Sie darauf das Bild in der entsprechenden Grösse. Eine andere Möglichkeit ist die Übertragung mittels Raster: Auf das Bild zeichnen wir einen Raster mit 1 bis 2 cm² grossen Feldern und auf den Drachen in Originalgrösse genau gleich viele Quadrate, die natürlich entsprechend grösser sind. Nun können die Details von Quadrat zu Quadrat übertragen werden.

Phantomstift

Der Phantomstift, ein tolles Hilfsmittel aus dem Nähcenter, kommt überall dort zum Einsatz, wo man die Markierungen später nicht mehr sehen soll, also vor allem auf den Segelvorderseiten. Die Markierung bleibt einige Zeit sichtbar (die Dauer ist abhängig von der Temperatur) und verflüchtigt sich dann. Phantomstift ist in Hell und Dunkel erhältlich.

Punktieren und andere Fixiermethoden

Aufgrund der sehr glatten Oberfläche müssen aus Ripstop und ähnlichen Materialien zugeschnittene Teile vor dem Nähen geheftet beziehungsweise in anderer Weise rutschfest fixiert werden. Dazu gibt es mehrere Möglichkeiten, und jeder Drachenbauer hat so seine eigene Technik.

Zum *Punktieren mit dem Lötkolben* werden die beiden Stoffteile aufeinandergelegt und punktweise mit Hilfe eines kleinen Lötkolbens mit sehr feiner Spitze (siehe Seite 8) verschmolzen. Die Punktierung setzt man in etwa auf der Nahtlinie, die einzelnen Punkte etwa 1 bis 3 cm weit auseinander. An gerundeten Stellen die Punkte enger, auf Geraden weiter auseinander setzen. Wichtig ist, dass die beiden Stoffteile eng aufeinanderliegen, damit der Lötkolben keine Löcher einbrennt. Die Spitze muss von Zeit zu Zeit gereinigt und nachgefeilt werden.

Die *Fixierung mit Klebestift* ist für Saumkanten geeignet. Dazu wird die Kante mit Klebstoff eingestrichen und der Stoff einmal zum Saum umgelegt, danach streicht man die Saumkante nochmals ein und legt sie erneut um. Der durch den Leim zusammengehaltene doppelte Saum wird schliesslich noch genäht. Nachteile: Manche Materialien reagieren an den Leimstellen mit Vergilben. Verbleibende Leimspuren auf dem Stoff und der Arbeitsunterlage müssen mühsam entfernt werden. Die Klebung ist manchmal instabil («schwimmt»). Die Nähnadel kann verstopft werden und der Faden reissen.

Stecknadeln zur Fixierung einer Naht sollten immer dreimal eingestochen werden, damit sie nicht so leicht herausrutschen. Nie über die Stecknadeln hinwegnähen (Nadelbruch oder Maschinenschaden). Der Nadelkopf muss immer von der Maschine weg zeigen, damit sich die Nadeln leichter herausziehen lassen.

Doppelseitiges Klebeband (möglichst schmal), ausserhalb der Nahtlinie aufgeklebt, hält die beiden Teile fest aufeinander. Nach dem Nähen lässt sich das Band problemlos abziehen. Wichtig: Das Klebeband möglichst sofort entfernen.

Seidenpapier, zwischen die beiden aufeinanderzunähenden Segelteile gelegt, vermindert das Rutschen. Nach dem Nähen wird das Seidenpapier wieder herausgerissen.

Nadel und Faden

Nähnadeln

Ich nähe seit Jahren mit 80er oder 90er Nadeln. Diese starken Nadeln brechen auch bei mehreren Stofflagen nicht. Bei einer besonders dikken Stofflage, mehreren Lagen Dacron oder Leder, greife ich auch schon mal zu einer kräftigeren Jeansnadel.

Sie sollten die Nähnadel regelmässig auswechseln und sie nicht so lange verwenden, bis sie bricht. Die Nadelspitze wird sehr stark beansprucht und nutzt sich entsprechend ab. Achten Sie auf das Nähgeräusch: Eine gute Nadel dringt leise in den Stoff ein, eine stumpfe Nadel dagegen erzeugt bei jedem Einstich einen kleinen Knall. Regelmässiges Wechseln der Nadeln schont auch die Maschine.

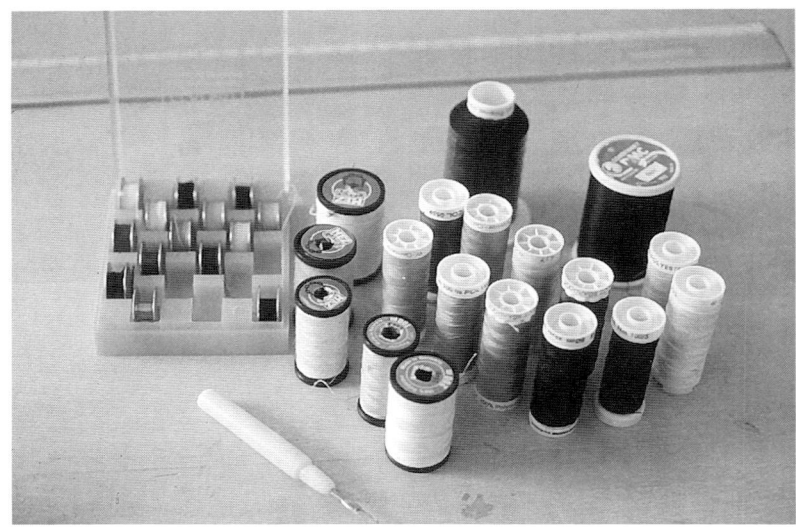

Faden

Da die Feuchtigkeit der Luft dem Nähfaden stark zusetzt, ist Baumwollfaden, der sich extrem dehnt und zusammenzieht, nicht geeignet. Es empfiehlt sich, zum Nähen einen unempfindlichen Polyesterfaden zu verwenden. Eine Ausnahme bildet natürlich ein Segel aus Baumwollstoff, das auch mit Baumwollfaden zu nähen ist. In diesem Fall ist das ganze Segel besonders pfleglich zu behandeln.

Gezwirnte Polyesterendlosgarne gibt es in vielen Farben, Stärken und Garnlängen. Am meisten verbreitet und fast überall erhältlich sind die kleinen Spulen von 150 bis 200 m Länge. Im Nähfachgeschäft hat man meist die ganze Farbpalette in 200- und 500-m-Spulen zur Auswahl. Dieses Garn hat eine geringe Stärke von Nm 100/3, wobei die erste Zahl die Fadenstärke bezeichnet, die zweite die Anzahl verzwirnter Fäden. Für eine Haushaltsnähmaschine ist ein Garn bis Stärke 80 bestens geeignet. Das kräftigere Garn der Stärke 60 empfehle ich nur für starke Maschinen oder Industrienähmaschinen.

Immer wieder von neuem stellt sich beim Faden die Frage der Farbwahl. Viele Drachenbauprofis verwenden nur eine Farbe: Rot. Andere passen die Farbe jeweils dem Stoff an, wobei Ober- und Unterfaden verschiedenfarbig sein können.

Unterfaden

Nichts ist so lästig, wie wenn einem mitten in der Naht der Unterfaden ausgeht. Mein Tip: Legen Sie sich zu jeder Farbe ein bis zwei Unterfadenspulen zurecht, und halten Sie diese immer gut aufgefüllt. Dann brauchen Sie, wenn einmal der Unterfaden ausgeht, nur die Spule auszuwechseln.

Einstellung der Nähmaschine

Fadenspannung

Der oberste Grundsatz lautet: Ober- und Unterspannung müssen gleich sein. Das Schema zeigt, wie es sein sollte.

Bei Problemen liegt der Fehler in der Regel beim Unterfaden. Stellen Sie die Unterfadenspannung auf den neutralen Punkt und die Oberspannung etwas unter den Mittelwert, und nähen Sie eine 10 bis 20 cm lange Naht auf einen Stoffrest. Falls sich nicht das ideale Nahtbild ergibt, erhöhen Sie die Unterspannung bis zum nächsten Raster. Nähen Sie erneut eine Naht, kontrollieren Sie und stellen Sie die Spannung eventuell nochmals nach.

Bei Maschinen, bei denen sich die Unterfadenspule in einer Kapsel befindet, lässt sich die Fadenspannung leichter kontrollieren. Nehmen Sie die Kapsel samt Spule aus der Maschine, halten Sie nun den Faden, und lassen Sie die Kapsel hängen. Es darf sich kein weiterer Faden abrollen. Bei einem leichten Ruck mit der Hand nach oben sollte sich aufgrund des Gegengewichts der Kapsel ein wenig Faden abrollen. An der kleinen Schraube, die sich auf der Oberseite der Kapsel befindet, kann man subtil nachstellen.

Wenn Sie mit verschiedenen Fadensorten arbeiten, muss eventuell auch die Fadenspannung angepasst werden. Am besten ist es daher, sich auf eine Sorte Faden zu beschränken.

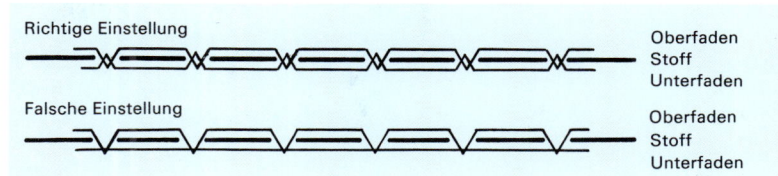

Stofftransport

Ripstop-Nylon und eine Haushaltsnähmaschine vertragen sich nicht immer auf Anhieb. Dies liegt daran, dass die Transportplättchen der Maschine den Stoff wegen seiner extrem glatten, rutschigen Oberfläche nicht optimal greifen können. Industrienähmaschinen sind deshalb mit Transportrollen aus Gummi ausgerüstet oder haben eine grössere Zahnplatte, gepaart mit einem viel grösseren Anpressdruck des Füsschens.

Wir können uns mit einem teflonüberzogenen Fuss, wie er zu allen Maschinen erhältlich ist, behelfen.

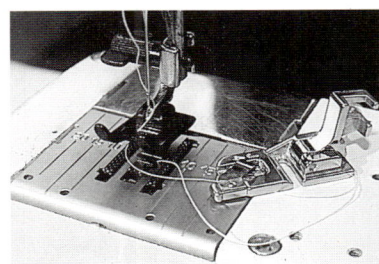

Teflonfuss und Saumfuss

Einstellung der Unterfadenspannung

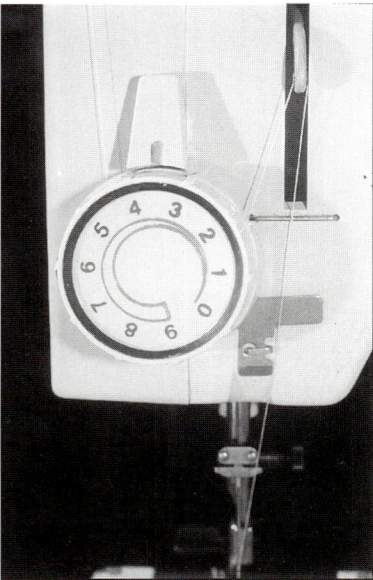

Einstellung der Oberfadenspannung

Doch auch dieser Fuss löst nicht alle Stofftransportprobleme. Durch ein dosiertes, leichtes Ziehen von hinten kann man etwas nachhelfen. Bis Sie die Technik, vorne zu falten und zu führen und hinten zu ziehen, ganz beherrschen, braucht es einige (Kilometer) Übung. Doch lassen Sie sich Zeit, und verzweifeln Sie nicht.

Hilfsmittel beim Nähen

Das wichtigste Hilfsmittel beim Nähen ist eine Fadenschere, klein und äusserst scharf. Sie muss einen Faden ohne Zug glatt durchschneiden. Damit die Schere möglichst lange scharf bleibt, sollte damit nichts anderes geschnitten werden.
Besonders hilfreich ist auch ein Pfeiltrenner, wenn es gilt, eine Naht oder ein Nahtstück aufzutrennen, was immer wieder vorkommt. Ich brauche dieses Werkzeug regelmässig.
Das dritte Hilfsmittel ist Feinöl zum Schmieren Ihrer Maschine. Machen Sie es sich zur Gewohnheit, Ihre Nähmaschine regelmässig zu ölen, am besten nach der Arbeit. Bevor Sie ans Nähen gehen, allfällige Ölspuren entfernen! Zur Pflege gehört auch, den Nähfuss auf ein Stück Filz oder Stoff zu stellen, wenn man längere Zeit nicht mehr mit der Maschine arbeitet. Dadurch wird die Fusshalterung entspannt.

Sticharten

Im Drachenbau werden zwei Hauptsticharten verwendet, der gerade Stich und der Zickzackstich. Für beide Sticharten muss eine möglichst grosse Stichlänge bzw. -weite gewählt werden. Sind die Stiche zu eng eingestellt, entstehen zu viele Löcher auf einem zu kurzen Stück: Die Stabilität des Materials wird vermindert, der Stoff sozusagen perforiert und reisst an solchen Stellen leicht ein oder aus. (Ein weiter Stich lässt sich übrigens auch leichter wieder öffnen.) Für Säume und lange Nähte haben sich Stichlängen bzw. -weiten bis 4 mm, für das Annähen von Verstärkungen, Laschen usw. solche um 2 mm am besten bewährt.
Mein Hauptstich ist der gerade Stich. Mit ihm lässt sich alles nähen. Selbst Kurven werden gleichmässig, wenn man sie langsam angeht.
Die Stärke des Zickzackstichs zeigt sich beim Nähen von Applikationen. Der Stoff lässt sich beim Nähen von Kreislinien und Kurven leichter drehen. Ein weiterer Vorteil liegt darin, dass sich das Versäubern mit einer zweiten, parallelen Stichreihe erübrigt.
Ein sehr guter Stich, der jedoch selten zu finden ist, ist der Zickzick-Zackzack-Stich, bei dem die Nadel in der Mitte jedes Zickzack-Schenkels nochmals einsticht.

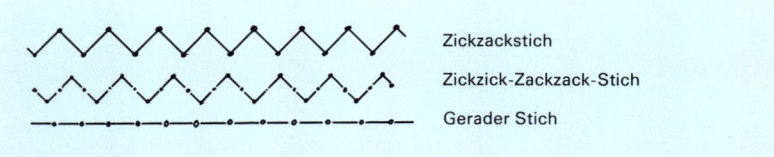

Zickzackstich
Zickzick-Zackzack-Stich
Gerader Stich

Nähen

Der Anfang und das Ende der Naht werden am einfachsten durch zweimaliges Hin- und Herfahren auf einer Länge von 5 bis 10 mm gesichert. Die überstehenden Fäden werden möglichst ohne Zug abgeschnitten. Ein mir bekannter Drachenbauer fixiert den Fadenbeginn mit einem kleinen Tropfen Sekundenkleber. Dieser Trick ist sicher nicht überall notwendig, doch kann er das eine oder andere Mal helfen.

Doppelter Saum

Für einen 1 cm breiten doppelten Saum, wie er zum Beispiel beim Bau des Edos zur Anwendung kommt, wird der Stoff an der Saumkante zweimal umgefaltet. Die Stoffkante wird bis zur Hilfslinie umgeschlagen. Dadurch ist ein einfacher Saum entstanden. Wenn wir nun nochmals umschlagen, haben wir drei Stofflagen und den gewünschten doppelten Saum. Der Saum wird nun mit zwei Stichreihen genäht. Die Nähte liegen 2 bis 3 mm vom Rand entfernt.

Nähen von Bändern, Schlaufen und Taschen

Bänder näht man am besten als Meterware in so langen Streifen wie möglich und nicht wie in den meisten Bauplänen angegeben in der genau benötigten Länge. Nach dem Nähen werden sie auf die benötigte Länge geschnitten.

In der Regel bestehen Bänder aus dreilagig, für besonders starke Bänder vierlagig gefalteten Ripstop-Streifen. Die Breite hängt von der

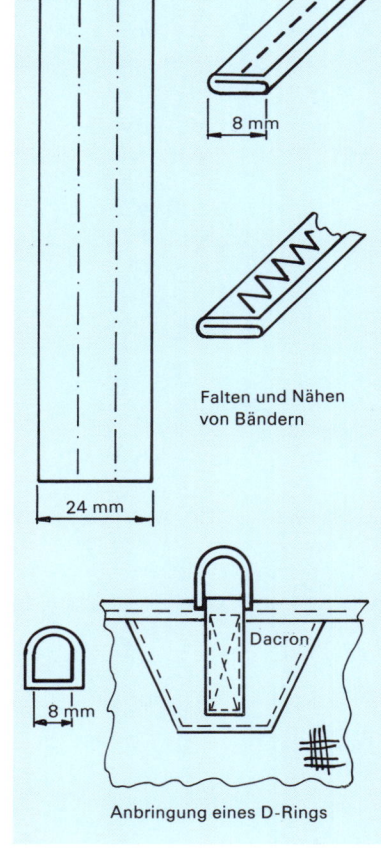

Falten und Nähen von Bändern

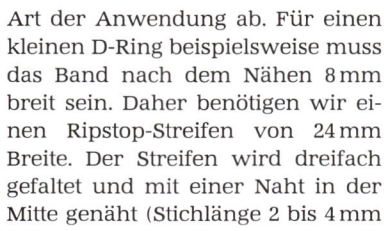

Anbringung eines D-Rings

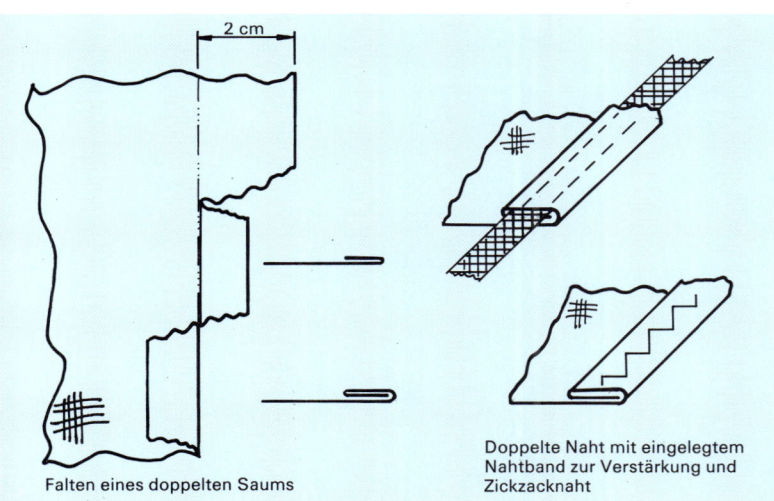

Falten eines doppelten Saums

Doppelte Naht mit eingelegtem Nahtband zur Verstärkung und Zickzacknaht

Art der Anwendung ab. Für einen kleinen D-Ring beispielsweise muss das Band nach dem Nähen 8 mm breit sein. Daher benötigen wir einen Ripstop-Streifen von 24 mm Breite. Der Streifen wird dreifach gefaltet und mit einer Naht in der Mitte genäht (Stichlänge 2 bis 4 mm

oder Zickzack mit grosser Stichweite).
Das fertige Band wird mit dem Lötkolben auf die benötigte Länge zugeschnitten. Durch das Schneiden mit dem Lötkolben verschmelzen Naht und Stoff. Ein Vernähen an den Schnittkanten ist nicht notwendig. (Beim Zuschneiden mit der Schere würde sich, ohne nochmals zu vernähen, die Naht öffnen.)

Tip: Bei mir liegen immer lange Bänder in vielen Farben bereit, die ich von Zeit zu Zeit auf Vorrat aus Stoffresten nähe.

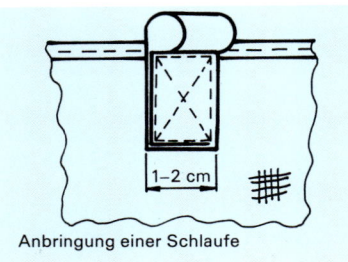
Anbringung einer Schlaufe

Schlaufen werden zum Befestigen der Waage, als Halterung für Ringe u. ä. verwendet. Sie werden ebenso wie Bänder hergestellt, nur sind sie meistens etwas breiter (1 bis 2 cm). Auch für Schlaufen wird der Stoff 2- bis 4fach gefaltet. Für bessere Haltbarkeit näht man sie in Form eines geschlossenen X ab.

Taschen werden heute vielfach aus Dacron gemacht, doch lassen sie sich auch aus mehrfach gefaltetem Ripstop herstellen. Der untere Teil muss immer etwas länger sein als der obere. Die Naht wird in Form eines U mit einer Stichweite von 1 bis 2 mm aufgenäht. Drückt man die obere Lage links und rechts etwas nach innen, so entsteht eine voluminöse Tasche für den Stab, ohne dass der Stoff spannt.

Tunnel dienen der Stabführung. Auch hier ist eine Ausführung in Dacron oder mehrlagigem Ripstop möglich. Der Tunnel sollte so bemessen sein, dass sich der Stab (mit Verbinder) gut ein- und hindurchführen lässt. Eventuell muss unter dem Tunnel noch eine Verstärkung genäht werden. Während bei der Variante 1 der Tunnel direkt aufgenäht ist, wird für die Variante 2 zuerst eine Schlaufe genäht und danach als Tunnel auf das Segel genäht.

Tip: Die Position genau markieren, damit sich das Segel nicht verzieht und Falten entstehen.

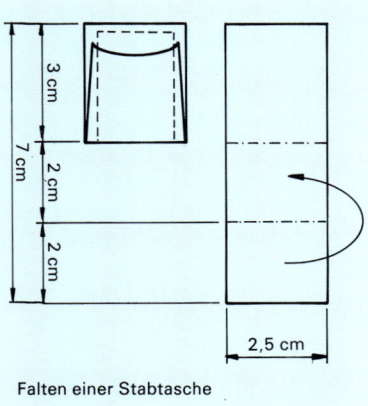
Falten einer Stabtasche

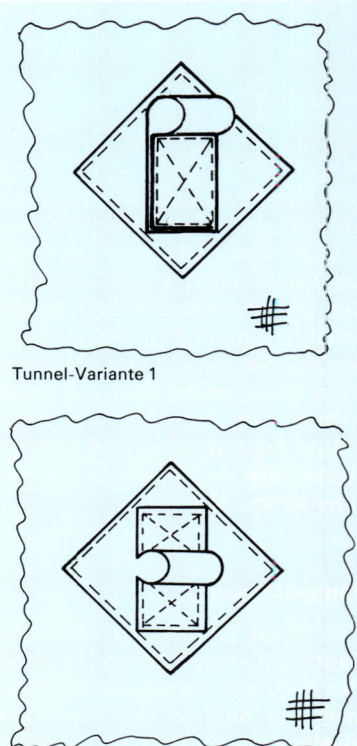
Tunnel-Variante 1

Tunnel-Variante 2

Applizieren

Der Gestaltung des Segels kommt im Drachenbau eine zentrale Bedeutung zu. Es gibt Drachen, deren Formschönheit durch ein einfarbiges Segel unterstrichen, ja sogar verstärkt wird. Andere Drachenmodelle hingegen werden erst durch die Gestaltung und Farbwahl fröhlich und lebendig.

Farbwahl

Dem Drachenbauer stehen heute rund hundert Farbnuancen zur Verfügung, einschliesslich der Leucht- oder Neonfarben und der Nichtfarben Schwarz und Weiss. Grundsätzlich ergeben Rot- und Gelbtöne einen warmen Gesamteindruck, während die Farbtöne von Grün bis Blau mehr Distanz, Kühle und Strenge suggerieren. Werden alle Regenbogenfarben Rot, Orange, Gelb, Grün, Blau und Violett miteinander verwendet, entsteht der Eindruck einer harmonischen Vollständigkeit.

Farben, die von innen nach aussen vom Hellen ins Dunkle verlaufen, schliessen die Form ab. Verlaufen die Farben hingegen von einem dunklen Zentrum zu einem hellen Aussenrand, so löst sich die Drachenform am Himmel mit zunehmender Flughöhe auf. Die Konturen verschwinden. Ähnliches geschieht mit Leuchtfarben. Wenn Sie nicht mit einer Kontrastfarbe, zum Beispiel Schwarz, abgesetzt werden, können die Farben für das Auge ineinanderfliessen: Die Leuchtfarbe überlagert in ihrer Leuchtkraft

schwächere Farbtöne. Dazu kommt der Effekt, dass Leuchtfarben bei schwächer werdendem Licht, also gegen Abend, stärker hervortreten. Ihr Muster auf dem Segel wird dominant. Dieser Effekt spielt bei Lenkdrachen keine grosse Rolle. Bei Einleinern hingegen beeinflusst er mit zunehmender Flughöhe den Gesamteindruck.

Farbnuancen können dadurch erreicht werden, dass an gewissen Partien der Stoff doppelt oder noch öfter übereinander gelegt wird. Es lässt sich so vom Hellen ins Dunkle oder umgekehrt arbeiten.

Grundsätzlich sollte nach dem Applizieren der Untergrund, das heisst der Stoff, auf den die Applikation aufgebracht wurde, mit einer kleinen Schere, die man vorsichtig der Naht entlangführt, herausgeschnitten werden. Die Applikation erhält so mehr Licht und Leuchtkraft. Bleibt die Stoffunterlage darunter, wirkt der Applikation matt.

Tip: Zeichnen Sie Ihr Drachenmuster auf eine durchsichtige Folie, und kleben Sie diese ans Fenster. Damit erhalten Sie einen ungefähren Eindruck, wie die Farben aufeinander wirken.

Formenwahl

Eckige Formen mit geraden Kanten sind grundsätzlich leichter zu erarbeiten. Zudem lassen sich diese Formen gut doppelt säumen, was die Haltbarkeit der Nähte und somit des Drachensegels erhöht.
Runde Formen wirken plastischer, harmonischer. Die strengen Formen der Drachenkonstruktion werden durchbrochen, es entsteht ein bildhafter Eindruck. Runde Formen sind jedoch schlecht zu säumen, da sie leicht Falten werfen. Selbst flaches Aufnähen bedarf grösster Sorgfalt und einer optimal eingestellten Nähmaschine. Zum Nähen von bogenförmigen oder kreisförmigen Teilen empfehle ich, nicht in einem Zug rundherum zu nähen, sondern von einem Punkt aus zweimal zu nähen, einmal links- und das zweitemal rechtsherum. Dadurch können die Teile ausgleichend geradegezogen werden.

Arbeitstechnik

Grundsätzlich kann man auf zwei Arten verfahren. Entweder schneiden Sie die Teile vor dem Aufnähen passend zu, oder Sie schneiden nach dem Nähen die unter der Applikation liegende Stoffpartie heraus. Die Techniken lassen sich nach persönlicher Vorliebe anwenden.
Beim Applizieren gilt es insbesondere zu beachten:
- Immer Stoffe des gleichen Herstellers und der gleichen Qualität verwenden.

- Fadenlauf immer aufeinander ausrichten. Flächen, die nicht im gleichen Fadenlauf sind, ergeben wegen der Brechung Lichteffekte. Diese sind nicht immer erwünscht.

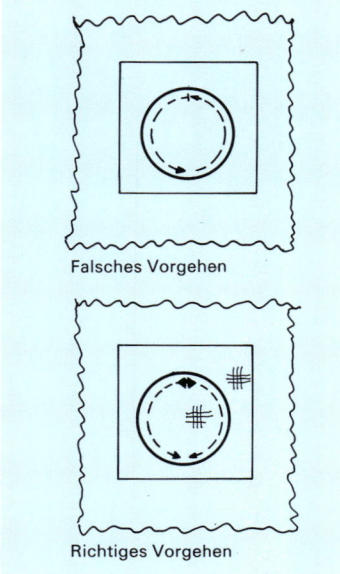

Falsches Vorgehen

Richtiges Vorgehen

Die zu applizierenden Teile mit dem Lötkolben punktieren, mit Stecknadeln befestigen oder mit Leim vorkleben, um sie zum Nähen vorzubereiten (siehe Seite 31). Wichtig ist, dass sie während des Nähens nicht verrutschen können.
Applikationen, welche zusammen die Segelfläche bilden (wenn also der darunterliegende Stoff weggeschnitten wird), werden mit zwei parallelen Nähten oder insbesondere bei runden Formen mit einem weit eingestellten Zickzackstich versehen. Bei Applikationen, die «nur» auf eine Segelfläche aufgenäht werden, reicht eine einzelne Naht.
Beim Nähen von runden Formen gibt es oft Probleme mit der Fadenspannung. Ein Trick: Legen Sie zwischen die Segelfläche und die Applikation ein bis zwei Blatt Seidenpapier. Nach dem Nähen wird es herausgerissen. Das Seidenpapier hilft, die Fadenspannung zu entlasten, indem die Spannung zwischen den Stoffteilen reduziert wird. Leichte Falten lassen sich so glätten.

Windräder

Ein Windrad verschönert und belebt mit seinen Drehungen jeden Garten oder Balkon und natürlich auch die Drachenwiese. Sie sind ohne viele Hilfsmittel zu bauen und überdauern auch mal einen Gewittersturm. Kinder haben ihre helle Freude nicht nur am fertigen Windspiel, sondern auch, wenn sie beim Bau des Windrades mithelfen dürfen.
Als Material brauchen wir eine alte Fahrradnabe und Ripstop aus der Restekiste oder einen ausgedienten Regenschirm. Vielleicht geht es Ihnen bald so wie mir, und Sie probieren, wenn Sie die abgeschossenen Segel erneuern, immer weitere Variationen aus.

Bauanleitung

Zunächst muss man die Achse der Fahrradnabe verschieben. Dazu löst man die beiden Muttern etwas. Durch Drehen wird die eine Gewindeseite verlängert und die andere entsprechend verkürzt, und zwar solange, bis die beiden Muttern auf der kurzen Seite gerade noch Platz haben. Achtung, dass Sie beim Verschieben keine der Kugellagerkügelchen verlieren!

Nun positionieren wir die Muttern wieder so, dass das Innenteil leicht und rund dreht. Durch das Anbringen einer Kontermutter auf jeder Seite verhindern wir, dass sich die Anstellmutter im Laufe der Zeit verstellt.

Es gibt viele verschiedene Ausführungen von Fahrradnaben. Man sollte einer mit einer flachen Stirnseite den Vorzug geben, denn bei einer flachen Seitenfläche liegt das Nylonteil flach und fest auf.

Beim Nylonmittelstück muss das Führungsloch in der Mitte so gross aufgebohrt oder gedreht werden,

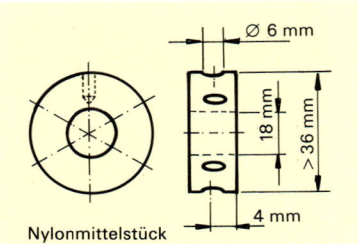

Nylonmittelstück

dass die Seitenwand des Nylonteils an der Seitenwand der Nabe anliegt. Dazu benötigen wir normalerweise einen Bohrer von 18 mm Durchmesser.

Der Bambusstab für den Ständer wird mit der Säge nur so weit gekürzt, dass bis zum ersten Wachstumsknoten ca. 10 cm stehen bleiben. Knapp unter der Schnittkante wird das Isolierband angebracht. Auf dieser Verdickung liegt später der Führungsdorn auf. Das Windrad kann sich nun frei und ohne Behinderung drehen. Anstelle von Bambus kann man auch ein Metallrohr (wegen Blitzschlag für Erdung sorgen!) oder als weitere Variante ein Kunststoffrohr verwenden.

Zuschneiden

Für die Segelteile gefallen mir persönlich farbliche Ton-in-Ton-Abstufungen oder die Regenbogenfarben am besten. Mehrfarbige Einzelsegel erzeugen einen Kaleidoskopeffekt von besonderer Art.

Eine Schablone ist einfach zu erstellen. Wir stecken dazu zwei Stäbe in zwei nebeneinanderliegende Löcher unseres Nylonmittelteils, legen

Materialliste

1 alte Fahrradnabe von einem Vorderrad
zusätzlich 3 Muttern, welche auf das Nabengewinde passen
(beides evtl. vom Fahrradhändler)
1 sechsteiliges Nylonmittelstück mit 6–8-mm-Bohrungen
6 Buchenholzstäbe, 6–8 mm ⌀, 33 cm lang
6 Ösen
6 Dacronlaschen, 5 mm breit, 3,5 cm lang
6 Stücke geflochtene Schnur, ca. 30 kp Reissfestigkeit, etwa 3 cm lang
1 Stück geflochtene Schnur, ca. 60 kp Reissfestigkeit
(Zaundraht als Alternative)
1 Alurohr als Führungsdorn, 12 mm ⌀, ca. 20 cm lang
1 Holzstück, passend zum Innendurchmesser und zur Länge der Hülse
1 Bambusstange, deren Innendurchmesser leicht grösser ist als 12 mm
etwa 10 cm Isolierband

Über unsere Standardwerkzeuge hinaus benötigen wir noch eine Bohrmaschine und die entsprechenden Bohrer von 4, 6 und unter Umständen 18 mm Durchmesser.

Tip: Das Nylonmittelstück ist im Drachenhandel erhältlich. Allenfalls lässt es sich auch beim Schreiner aus wetterfest verleimtem Holz herstellen oder aus Nylon oder Aluminium drehen und bohren. Ein Gummihammereinsatz aus dem Werkzeughandel lässt sich einfach für unsere Zwecke umfunktionieren.

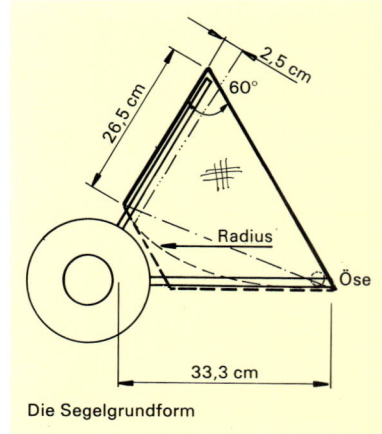

Die Segelgrundform

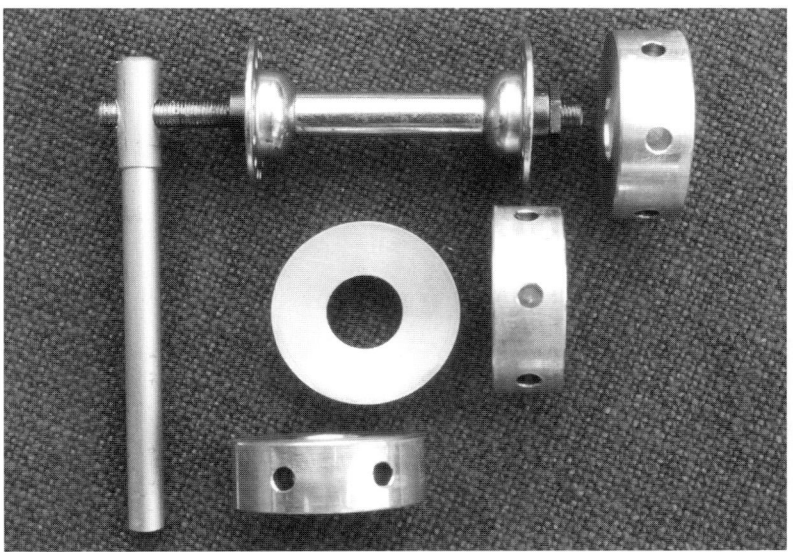

So wird montiert.

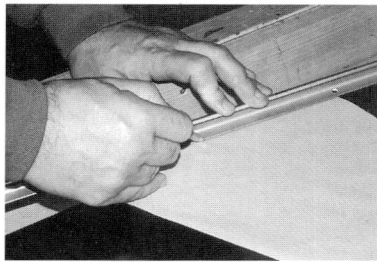

Die Nahtlinie markieren

Die Stabtasche und die Schlaufe abnähen

dieses Gebilde auf ein passendes Stück Karton und ziehen die Konturen den Aussenkanten entlang nach. Dann schneiden wir diese Kartonschablone aus. Von oben wird die Kantenlänge von 26,5 cm markiert und von dieser Markierung bis zur rechten oberen Ecke des Segels eine Hilfslinie gezogen. Darauf zeichnen wir frei Hand oder mit einem passenden Hilfsmittel einen Kreisbogen. Mit der fertig ausgeschnittenen Schablone werden nun die Segelteile zugeschnitten.

Beim Zuschneiden muss nicht unbedingt auf den Fadenlauf der Segelteile geachtet werden. Die sechs Segel werden mit dem Lötkolben ausgeschnitten. Man braucht sie nicht zu säumen.

Nähen

Nach dem Zuschneiden zeichnen wir auf die Segelrückseite die 3–3,5-cm-Hilfslinie für die Stabta-

Die Form aufzeichnen

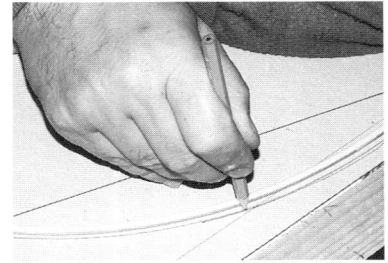

Den Radius festlegen

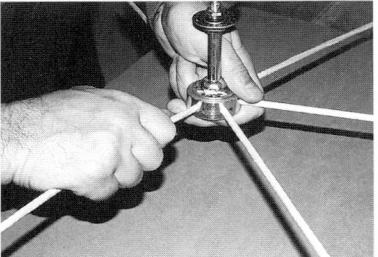

Die Stäbe einstecken

Montage der Fahrradnabe

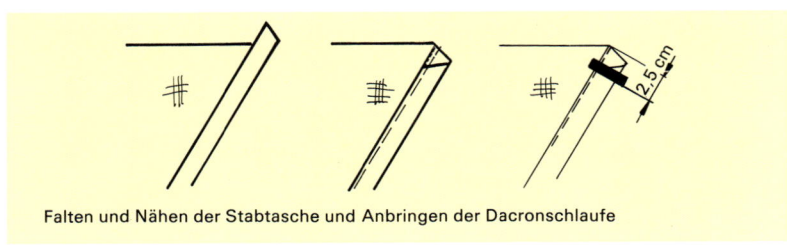

Falten und Nähen der Stabtasche und Anbringen der Dacronschlaufe

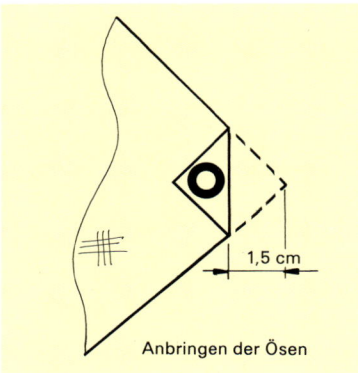

Anbringen der Ösen

sche. Wir nähen der Kante entlang mit einem weiten geraden Stich.
Pro Segel schneiden wir eine einfache Schlaufe aus Dacron zu. Die Schlaufen werden jeweils unter und über die Stabtasche gelegt und festgenäht.

Fertigstellung

Für die Ösen werden die Ecken der Segel jeweils 1–1,5 cm weit umgeschlagen, in das Zentrum des so entstandenen Dreiecks das Loch für die Öse geschlagen und die Öse darin angebracht.
Das als Führungsdorn dienende Aluminiumrohr wird mit einem in den Innendurchmesser passenden Holzstab ausgefüllt und verstärkt. Daraufhin bohrt man ca. 2,5 cm vom oberen Rand quer durch das Rohr ein Loch von 8 mm Durchmesser. Durch dieses Loch wird die längere Gewindeseite der Nabe geführt und mit der zusätzlichen Mutter fixiert.
Damit der Bambus nicht zu rasch splittert, erhält er eine 2- bis 3lagige Bandage aus Isolierband. Aufwendiger, aber noch wirkungsvoller ist eine solche aus Schnur oder gar aus feinem Draht.

Montage

Jedes der fertigen Segel wird über einen Stab geschoben. Je nachdem, ob die Segel nach rechts oder links vom Stab weg zeigen, dreht sich das Rad in die eine oder andere Richtung. Die Schnur schlaufen wir zunächst durch die Dacronschlaufe und danach durch die Öse. Die sechs Schnüre werden so verknotet, dass alle Segel gleichmässig gespannt sind. Dabei jedoch nicht zu straff anziehen!
Ist der Bambusstab fixiert und der Führungsdorn montiert, bleibt nur noch das Aufstecken und Zusehen, wie der Wind mit dem Windrad spielt.

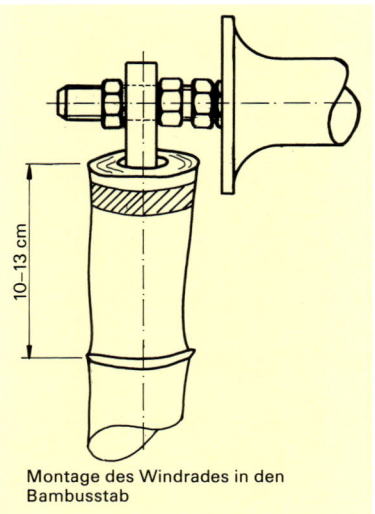

Montage des Windrades in den Bambusstab

Baskets

Was ist ein Balkon, ohne dass sich darauf ein Basket im Wind dreht? Ach, was sage ich, einer! Mehrere müssen es sein. Ein Stab, in einen Blumentopf gesteckt, ist alles, was dieser Schmuck braucht. Diese lustigen Dreher gibt es in den verschiedensten Grössen, die kleinsten bereits als Ohrringe. Auch diese Miniaturausgaben drehen sich im Wind.

Windspiele: Baskets

Bauanleitung

Zuschneiden

Die sechs Segeldreiecke sind am besten mit dem Lötkolben auszuschneiden.
Den Schnitt 1,5 cm vom Rand entlang der langen Kante bis zur 3-cm-Markierungslinie kann ebenfalls mit dem Lötkolben oder auch sehr gut mit der Schere ausgeführt werden.
Die sechs 1,5 cm breiten Bänder schneiden wir wieder mit dem Lötkolben aus. Die beiden Ecken werden 1,5 auf 1,5 cm abgeschnitten.

Markieren

Mit Bleistift ziehen wir entlang der Schmalseite 3 cm vom Rand eine Hilfslinie und entlang der Längskante 1,5 cm vom Rand eine weitere. An der Spitze sind noch die beiden Querlinien, 1,5 auf 1,5 cm, einzuzeichnen.
Mit der Lochzange oder einem Locheisen lochen wir nun alle sechs Segelteile an den in der Zeichnung angegebenen Punkten. Ebenso erhalten die sechs Bänder je ein Loch an einem der Enden.
Tip: Beim Lochen einen Karton unterlegen!

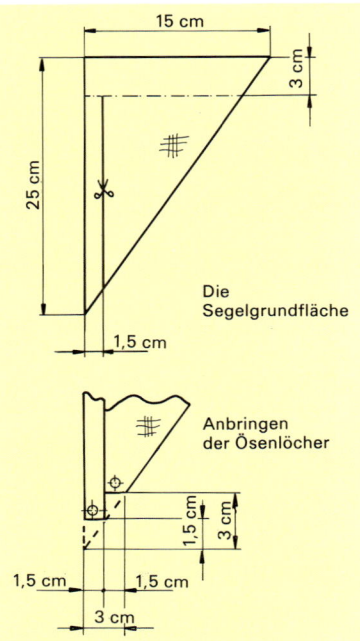

Die Segelgrundfläche

Anbringen der Ösenlöcher

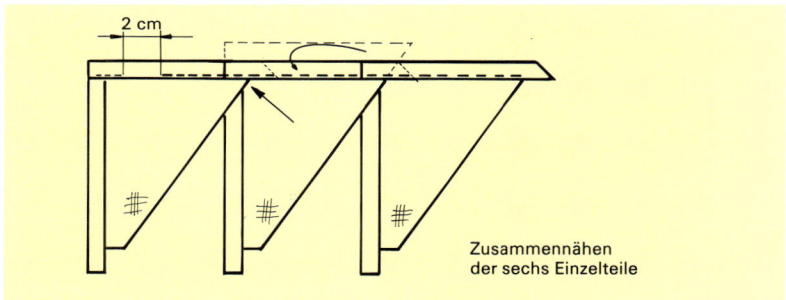

Zusammennähen der sechs Einzelteile

Nähen

Nach diesen Vorbereitungen folgt das Zusammennähen der sechs Einzelteile. Die Schmalseite wird jeweils entlang der 3-cm-Hilfslinie umgeschlagen und festgenäht. Die Naht auf dem ersten Teil beginnt etwa in der Mitte des Teils. Nahtanfang und Nahtende werden gut vernäht.
Ein Teil nach dem anderen wird so, bei der 3-cm-Markierung umgefaltet, unter das vorangehende geschoben und angenäht. Beim Ansetzen ist darauf zu achten, dass das schräge Teil etwas über den Bänderschnitt hinausragt. Sind alle sechs Teile aneinandergenäht, wird am Schluss das erste Teil unter das sechste geschoben. Somit ist der Kreis geschlossen.
Zwischen dem Nahtanfang und dem Nahtende müssen mindestens

Materialliste

6 Dreiecke aus Ripstop 42 g/m², 25 × 15 cm in drei bis sechs Farben
6 Ripstop-Streifen, 1,5 cm breit, 40 cm lang
2 Ösen, 5 mm ⌀
1 Schlüsselring, 14 mm ⌀
1 Wirbel, kugelgelagert, >10 kp
4 Schlauchabschnitte, 1 mm breit, innen 5 mm ⌀
ca. 80 cm PVC-Schlauch, innen 4 mm ⌀
1 Holzstück, 4 mm ⌀, 2 cm lang

2 cm offenbleiben, um den Schlauch einführen zu können. Der Schlauch wird in Richtung der schrägen Dreieckkanten eingeschoben. Er rutscht so von Segelteil zu Segelteil. Wenn Sie es in der anderen Richtung versuchen, wird er immer wieder herausrutschen. Ist der Schlauch wieder an der Öffnung angekommen und sind keine Falten mehr im Tunnel, wird das überstehende Schlauchmaterial abgeschnitten.

Das Holzstück wird zunächst zur Hälfte in das eine Schlauchende gedrückt und dann das andere Ende über die zweite Hälfte geschoben. Wenn es nicht straff genug im Schlauch sitzt, sollten Sie es einkleben. Achten Sie darauf, dass kein Leim auf das Segel tropft.

Setzen der Ösen

Zunächst drücken wir auf beide Ösen einen der hauchdünnen Schlauchabschnitte. Von innen beginnend, legen wir ein Segelteil nach dem anderen über die Öse.
Danach legen wir die sechs Bänder ein. Die gleichen Farben laufen jeweils voneinander weg. Diese drei imaginären Geraden stehen etwa in 120 Grad zueinander.
Zum Schluss drücken wir nochmals ein hauchdünnes Schlauchstück auf und quetschen die Öse nur soviel, dass sich der Stoff noch etwas hin und her bewegen lässt. Dies ist wichtig, damit man noch etwas ausgleichen kann.
Die zweite Öse wird für die Waage verwendet. Ein Band nach dem anderen wird eingelegt. Den Abschluss bildet wieder ein Schlauchstück, danach wird diese Öse wie die erste geschlossen. In die Öse wird der Schlüsselring eingedreht und in diesen der Wirbel. Der Grund, weshalb ich Ihnen einen kugelgelagerten Wirbel empfehle, liegt in der bedeutend höheren Haltbarkeit.
Besonders schön wirken drei dieser Windspiele in abgestufter Grösse übereinandergehängt. Der Wirbel des zweiten Baskets kann dann in die Öse des ersten eingehängt werden.

Spielband

Spielbänder sind ein einfaches Spielzeug, an dem nicht nur Kinder immer wieder aufs neue ihre Freude haben. Bewegung und Form sind im Einklang, ob schnelle oder langsame, weit ausholende, runde Bewegungen, die ein Gefühl des Schwebens vermitteln, oder kurze, zackige Bewegungen voller Dynamik. Zu zweit oder zu dritt nebeneinander kann man die Bänder synchron fliegen lassen oder langsam vorwärts oder rückwärts im Kreis gehen. Viele Tanzgruppen benützen solche Bänder, um damit die Bewegungen fliessender zu gestalten oder um überschwengliche Freude auszudrücken.

Bauanleitung

Nähen

Die Ripstop-Streifen werden zu einem langen Band zusammengenäht, am besten mit einer Kappnaht. (Für kleine Kinder ist das Band eher kürzer zu wählen.)
An einem Ende schlagen wir das Band dreifach 1 cm breit um und schlagen in das so verstärkte Stoffstück die Öse ein.
Den Holzstab vorbereiten (für kleinere Kinder ebenso wie das Band kürzer wählen). Das Schlauchstück

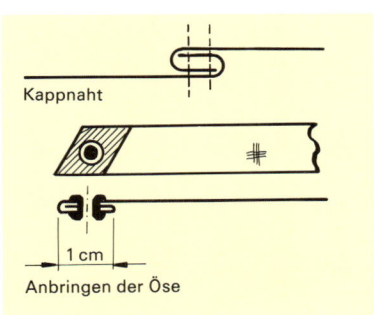

mit Schlüsselring und Wirbel daran montieren. Nun wird das Band mit der Öse in den Wirbel eingehängt, und das Ballett kann losgehen!

Materialliste

3–5 Ripstop-Streifen, 3 cm breit, je ca. 1 m lang (Bahnbreite)
1 Holzstab (Buche, Ramin oder Fichte), 1 cm ⌀, 1 m lang (oder kürzer)
1 Schlauchstück, innen 1 cm ⌀, 6 cm lang
1 Schlüsselring, 22 oder 24 mm ⌀
1 Wirbel, 20–40 kp Tragkraft
1 Niete

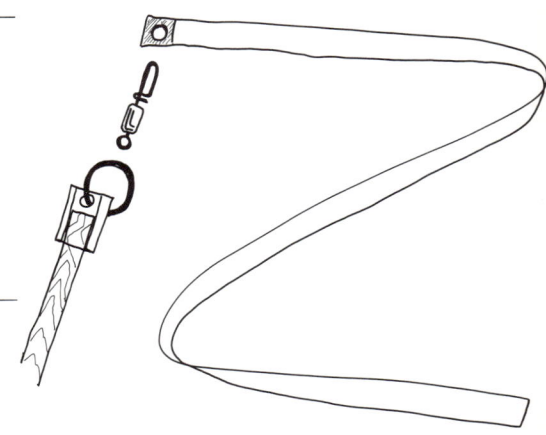

Spielsegel

Nur ein grosses rechteckiges Stück Stoff? Nein, ein Spielsegel ist nicht nur ein Tuch, sondern ein Spielgerät, ein Sonnendach, ein Regen- oder Windschutz, eine Trennwand oder vieles mehr.

Ein Spielsegel sollte, damit auch Erwachsene mit den Kräften des Windes spielen können, mindestens 25 m² gross sein. Hart am Wind muss man sich schon mal kräftig ins Zeug legen und sich fest entgegenstemmen, um sich gegen die Kräfte des Windes zu behaupten. Der oder die Spielpartner auf der anderen Seite des Segels können, wenn sie den Trick erst einmal heraushaben, die Kraft des Windes verstärken helfen. Das Spielsegel können Sie natürlich auch einfach nur frei im Wind fliegen lassen. Es braucht viel Geschick an den Schnüren, das Segel lange oben zu behalten. Daraus kann auch ein spielerischer Wettbewerb werden. Probieren Sie es auch einmal, wenn fast Windstille herrscht!

Mit zwei bis vier Zeltstangen ist im Nu ein Sonnen- oder Windschutz aufgestellt, der auch einen Regenschauer abhalten kann. Wasserdicht ist er jedoch wegen der vielen Nähte nicht. Ein Spielsegel eignet sich als wunderschöne Gruppenarbeit. Jedes Gruppenmitglied gestaltet sein Segelteil, zum Beispiel einen Quadratmeter Stoff, nach eigenem Geschmack mit Motiven wie Landschaften, Tieren, geometrischen Figuren, Formen, die eine optische Täuschung bewirken, Patchwork. Wenn alle Teile fertig sind, wird das Segel gemeinsam fertiggestellt. Und dann geht es rasch nach draussen zum Spielen mit dem Wind.

Bauanleitung

Das Spielsegel kann quadratisch sein, besser jedoch ist eine rechteckige Grundform im Verhältnis von etwa 5 zu 4. Bei Spielen ergeben sich so, je nachdem, an welcher Seite sich die Spieler plazieren, mehr Möglichkeiten, und das Segel bildet eine jeweils andere Windtasche.

Nähen

Da auf die Nähte recht grosse Kräfte einwirken, sind doppelte Nähte unbedingt notwendig, noch besser sind doppelte Säume auf den verbindenden Nahtkanten.
In die starke Aussenkante sollte man eine weiche, aber kräftige Schnur mit einnähen.
Eine Dacronverstärkung an der Aussenkante ist nicht zu empfehlen, da Dacron sehr steif ist und man sich unter Umständen daran verletzen könnte. Die vier Ecken jedoch werden mit zwei bis drei Bahnen 7 cm breiten Dacrons verstärkt. Dabei wird jede Bahn unter die vorhergehende geschoben und auf das Segel genäht. Die Verstärkung wird in den Saum der Aussenkante mit eingenäht.
An den Ecken werden aus dem Gurtband einer alten Sporttasche oder etwas Ähnlichem vier Schlaufen angebracht. In diese wird das Halteseil eingehängt. Sie sollten gross genug sein, dass man auch mit den Händen gut hineingreifen kann. Das Band wird über Kreuz gelegt und ebenso, über Kreuz, aufgenäht.

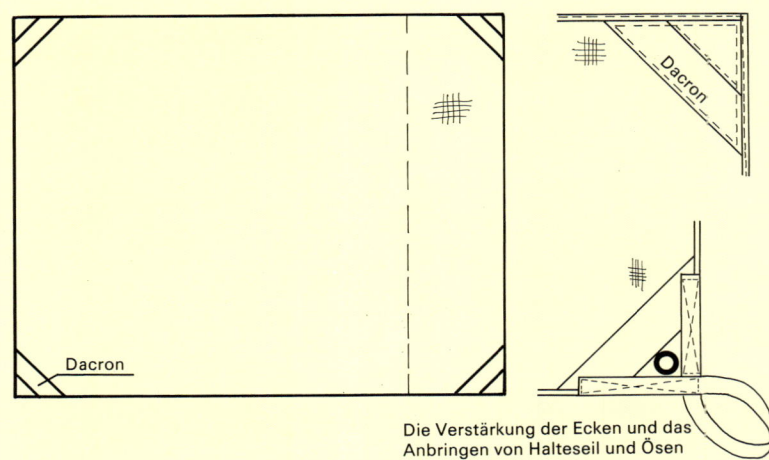

Die Verstärkung der Ecken und das Anbringen von Halteseil und Ösen

Fertigstellen

Damit man das Spielsegel als Sonnendach aufstellen kann, müssen wir noch in jeder Ecke eine Öse anbringen. Die Ösen werden in die mit Dacron verstärkten Ecken eingeschlagen. Es ist dabei darauf zu achten, dass keine Nähte durchtrennt werden.
Zwischen Öse und Segel sollte man auf beiden Seiten des Segels eine zusätzliche Dacronverstärkung (ein rundes oder eckiges Stück) mit einem Loch im Durchmesser der Öse einlegen.
Zum Spielen oder als Wind- oder Sonnenschutz braucht es an jeder Ecke noch ein kräftiges Halteseil, das ziemlich dick sein darf. Je dicker das Seil, desto besser kann man sich daran festhalten. Jedes der vier Seilstücke erhält an einer Seite eine Schlaufe. Diese wird gespleisst, damit die Schnur schön glatt ist und sich keine Knoten am Segel einhängen können. Das andere Ende wird nur verschmolzen. Aus Sicherheitsgründen empfehle ich, auf der Seite der Spieler weder Knoten noch Schlaufen anzubringen, denn das Seil soll man blitzschnell loslassen können, wenn es sein muss. Eine Schlaufe wäre dabei nur hinderlich.

Spielmöglichkeit: Der Dom

Vier Mitspieler fassen je eine Ecke des Segels. Ist das Segel gleichmässig gespannt, machen alle einen Schritt zur Mitte hin. Das Segel entspannt sich und berührt den Boden. Auf Kommando wird das Segel erneut rasch gespannt: Durch den Sog

Materialliste

25–50 m² Ripstop-Nylon 42–60 g/m²
2 m Dacron, 7 cm breit
4 Ösen, innen 8 bis 10 mm ⌀
2 dreiteilige Zeltstangen, ca. 240 cm hoch
4 kräftige Halteseile, je 4–5 m lang

steigt es in den Himmel. Die Mitspieler geben nach, indem sie in die Mitte treten. Es bildet sich der Dom. Ganz besonders schön ist die Wirkung nachts unter einer Strassenlampe. Sie werden vom Spiel der Farben begeistert sein. Oder lassen Sie Kinder und Erwachsene unter dem Segel auf den Boden kauern. Wenn sich der Dom bildet, werden lauter Ahs und Ohs ertönen!

Windschutz oder Sonnendach

Als Windschutz oder Sonnendach ist das Spielsegel verschieden aufzustellen. Die Abspannung wird über Bodenanker gehalten.
Tip: Markieren Sie die Abspannschnüre mit Fähnchen!
Für einen Windschutz braucht es vier, für das Sonnendach nur zwei Zeltstangen.
Bitte beachten Sie, dass dieser Windschutz nicht für starke Winde gedacht ist. Je nach Segelgrösse braucht es auch noch weitere Zeltstangen, um die Konstruktion zu verstärken und dauerhafter zu machen.

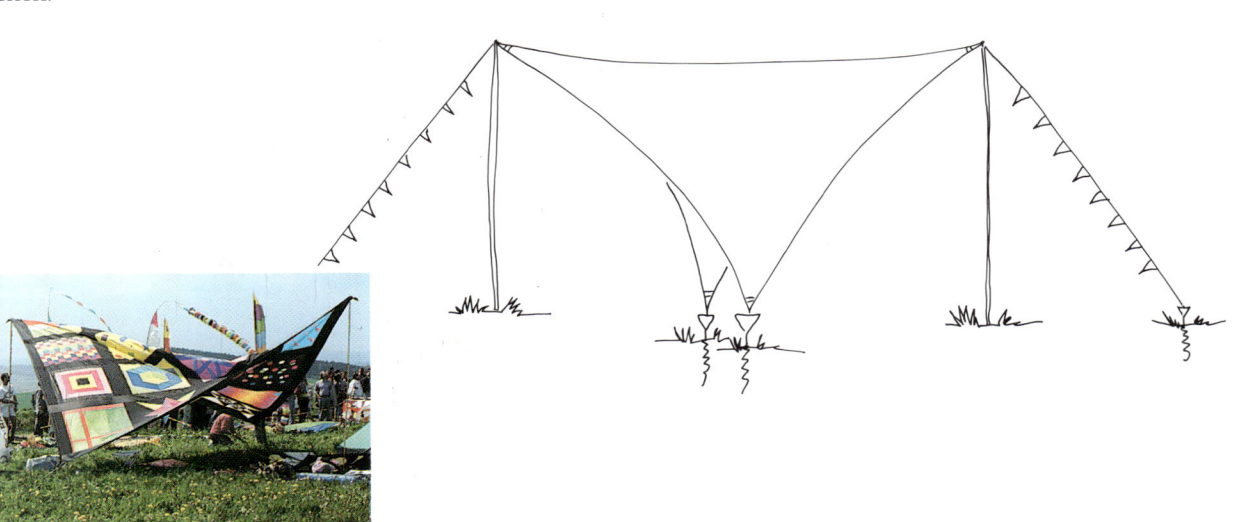

Fahnen und Banner

Fahne zeigen hat Zukunft. Fahnen und Banner in vielfältigsten Formen erobern sich als farbenfrohes, verspieltes Erkennungszeichen der Drachenbauer einen festen Platz auf den Drachenwiesen. Sie zeigen, wer schon da ist, und markieren seinen Standort auf der Wiese. Ich freue mich auch immer, wenn ein Blick auf meine Fahnen mir anzeigt, dass es genug Wind hat, um Drachen fliegen zu lassen.

Fahnen und Banner sind Ausdruck der Persönlichkeit. So finden wir grafisch durchgestylte Künstlerfahnen, protzige Fahnen aus viel Stoff, die farbigen Fahnen der Fröhlichen, die strengen der Zielgerichteten, die einfachen Fahnen des Nachwuchses oder die aufwendigen Fahnen der Perfektionisten.

Windspiele: Fahnen und Banner

Fahnen und Banner unterscheiden sich durch ihre Form und durch die Art der Aufhängung. Beide sind etwa 2,5 m lang und sollten in dieser Grössenordnung eher schmal, das heisst nicht breiter als 50 cm sein.

Fahnen werden mittels einer entlang der Längsseite gebildeten Tasche über einen Stab gezogen. Damit sie schön stehen, sollte sich die Form zur Spitze hin ebenso wie zur unteren Kante verjüngen. In dieser Weise wird das Stoffgewicht reduziert, die Fahne steht besser im offenen Wind. Das Muster des Segels sollte sich in Richtung des Himmels orientieren.

Materialliste

Stoff jeweils nach Ihrem Entwurf

Für die Fahnenstange

1 4-m-Angelrute mit Schraubverschluss am dicken Ende
1 Hartgummizapfen (Laborbedarf)
1 rostfreier Stahldorn, 12–15 mm ⌀, 35 cm lang

Für den Bannerstab

2 GFK-Rohre, blau, 14 mm ⌀, 150 cm lang
1 GFK-Rohr, gelb, 12 mm ⌀, 20 cm lang, als Verbinder
1 GFK-Rohr, grau, 8 mm ⌀, 57,5 cm lang
1 Holzstab, 12 mm ⌀, ca. 10 cm lang
1 Holzstab oder Stahldorn, 10 mm ⌀, ca. 60 cm lang
1 Holzstab, 6 mm ⌀, ca. 10 cm lang
1 Aluhülse, 12 mm ⌀, ca. 7,5 cm lang
je 1 Endkappe für den 14er- und den 8er-Stab
2 Schlauchstücke, innen 8 mm ⌀, 2 cm lang
1 Stück PVC, Hartholz o. ä., 2 cm ⌀, 6 cm lang

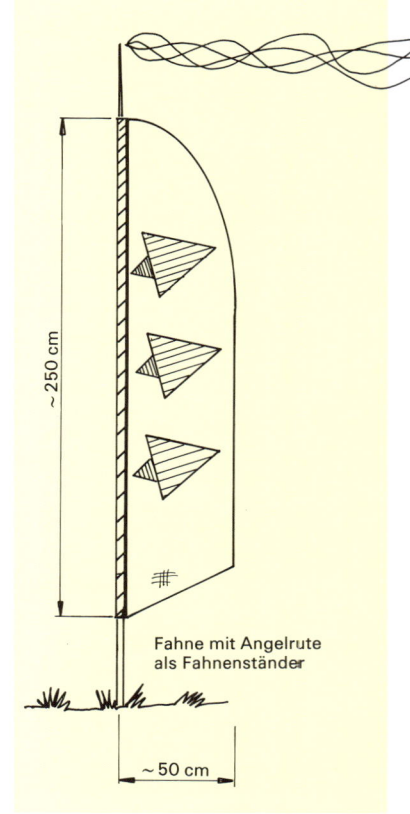

Fahne mit Angelrute als Fahnenständer

Banner bestehen aus einem rechteckigen Segel, welches mittels eines Tunnels oder Schlaufen über zwei Stäbe aufgespannt wird. Das Banner hängt somit immer offen. Das Banner stellt die klassische Form dar. Die Gestaltung sollte kräftig und kontrastreich sein. Eine doppelte Applikation wirkt besonders gediegen und ist für Schriftzüge unabdingbar. Doppelte Applikation bedeutet, dass das Motiv (z.B. Schriftzeichen) jeweils auf der Segelvorder- und -rückseite aufgenäht wird.

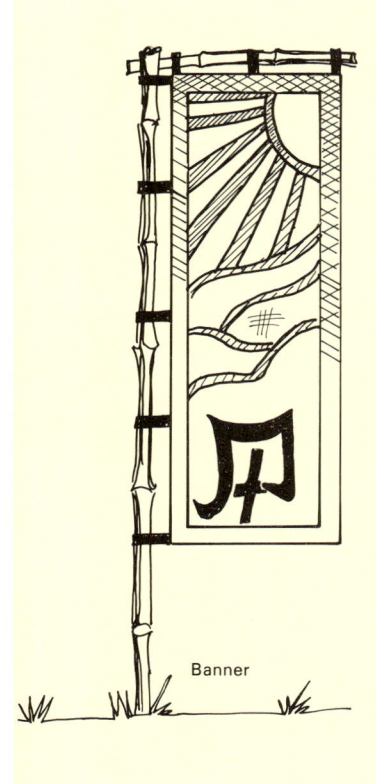

Banner

Befestigung

Als Fahnenstange eignen sich Angelruten am besten, denn sie sind leicht und gut auf etwa 1 m Länge zusammenzulegen. Eine andere gute Möglichkeit bieten zusammengesteckte Glasfaserrohre. Ideal ist eine 4-m-Angelrute. Das Segel wird so befestigt, dass es etwa von einem halben Meter unter der Spitze bis etwa einen Meter über dem Boden reicht. Die Spitze der Stange zieren fröhlich flatternde Bänder.
Für ein Banner erhält der als Längsstab dienende Bambus- oder Glasfaserstab eine Bohrung, die den Querstab aufnimmt. Dieser wird mit Hilfe von zwei engsitzenden Schlauchstücken fixiert.

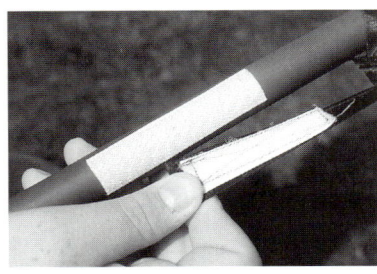

Bauanleitung

Nähen

Fahnen und Banner werden mit einem starken, doppelten Rand gesäumt. Die äusseren Kanten werden vom Wind stark belastet, bei kräftigen Winden schlagen sie oft so, dass es knallt.
Die Tunnel werden in der dem Trägerstab angepassten Grösse aus Ripstop-Nylon zugeschnitten und mit einer doppelten Naht oder einem weiten Zickzackstich aufgenäht.
Applikationen wirken viel besser, wenn sie kontrastvoll umrandet werden.

Aufhängung Fahne

Für einen Holzstab als Fahnenhalter kleben wir auf das eine Ende des Holzstabs eine Aluminiumhülse. Diese dient als Verstärkung und gleichzeitig als Stabführung. Auf der anderen Seite wird der Stab leicht angespitzt.
Aus dem PVC-Stück machen wir eine Hülse, die das Aluminium schützt und auf die wir schlagen

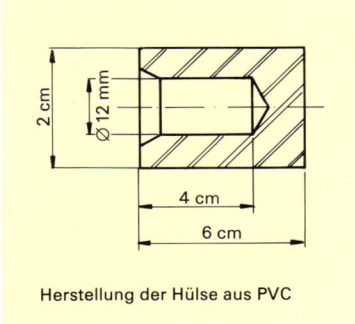

Herstellung der Hülse aus PVC

können, um den Stab in den Boden zu treiben.
Für eine *Angelrute* mit Stahldorn als Aufhängung drehen wir oder lassen wir den Hartgummizapfen in die gezeigte Form drehen. Die Form muss den Abmessungen der Rute entsprechen und eventuell noch angepasst werden. Danach drehen oder bohren wir die Mutter, den Schraubverschluss der Rute, vorsichtig gerade so weit aus, dass der Durchmesser a ohne Mühe hineinpasst.
Der Dorn wird auf einer Seite angeschrägt oder angespitzt und mit ein wenig Zweikomponenten-Epoxykleber in den ausgehärteten Gummizapfen eingedreht.
Diese Konstruktion erlaubt es, den Dorn nach aussen zum Gebrauch der Rute als Fahnenträger einzuset-

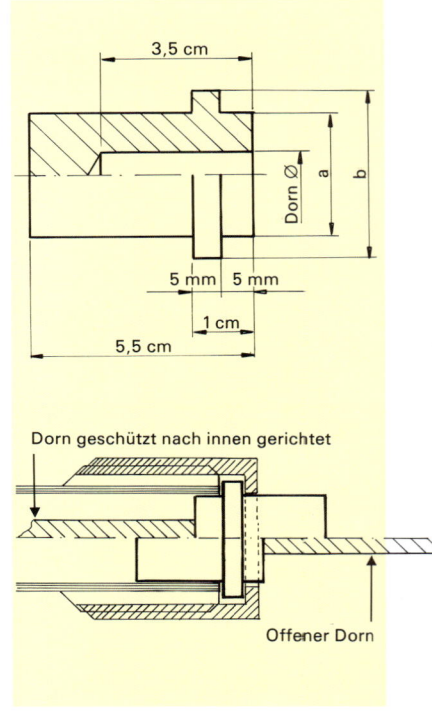

zen oder geschützt nach innen zum sicheren Transport festzudrehen.
Eine Alternative bietet ein für die Befestigung im Rasen vorgesehener Sonnenschirmständer. Diese sind stabil, robust und schwer.

Aufhängung Banner

Für das Banner kleben wir in das 14er-Rohr den passenden Holzstab ein und leimen die Endkappe auf. In den zweiten, blauen Stab leimen wir das gelbe Rohr zur Hälfte ein (ca. 10 cm). Mit Hilfe dieser Verbindung werden die beiden Rohre zusammengesteckt. In den so vorbereiteten Stab wird ein 8er-Querloch gebohrt. Der 8er-Stab erhält auf der einen Seite ebenfalls eine Endkappe aufgeleimt, auf der Gegenseite wird das eine der beiden Schlauchstücke

Windspiele: Fahnen und Banner

fest aufgeleimt (siehe Zeichnung). Es dient als Anschlag. Das zweite Schlauchstück bleibt abnehmbar. Es dient der Sicherung beziehungsweise der einfachen Demontage des Querstabs.

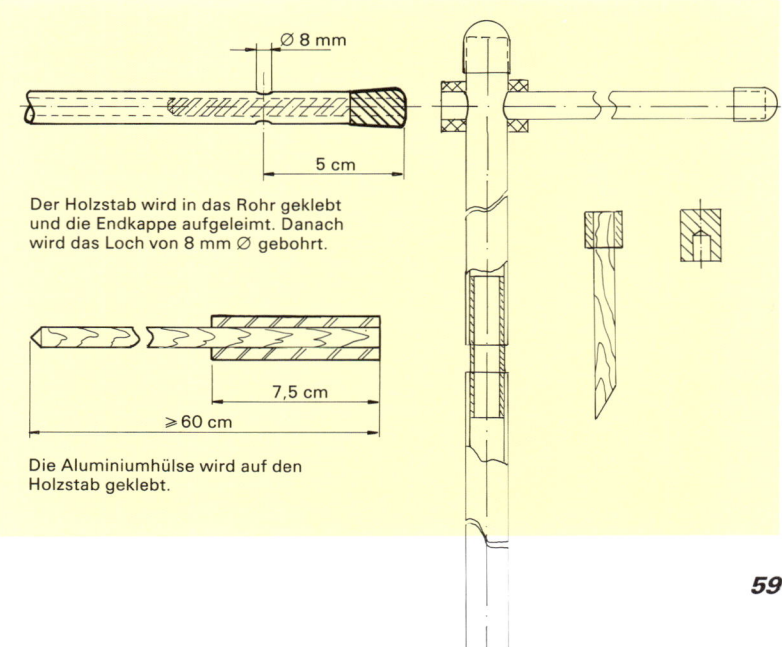

Der Holzstab wird in das Rohr geklebt und die Endkappe aufgeleimt. Danach wird das Loch von 8 mm ⌀ gebohrt.

Die Aluminiumhülse wird auf den Holzstab geklebt.

59

Drachenmodelle

Eddy

Einer der tollsten und einfachsten Drachen ist der Eddy. Er ist ein sehr guter Flieger und braucht nicht gross zu sein. Für viele ist es der Drachen schlechthin. Bei uns ist der Amerikaner besser bekannt unter dem Namen Spitzdrachen oder Rautendrachen. Doch gibt es da die feinen Unterschiede: Der Eddy fliegt schwanzlos, der Spitzdrachen hingegen kann nicht auf einen Drachenschwanz verzichten.

Das wichtigste Konstruktionsprinzip beim Eddy ist, dass Querstab und Längsstab gleich lang sind und ihr Kreuzungspunkt im oberen Drachenteil bei nicht mehr als 12 bis 15 Prozent der Längsstablänge liegen muss. Der Querstab wird nach hinten gespannt oder durch ein passendes Winkelstück, einen Kreuzverbinder, profiliert.

Aus Ripstop-Nylon in verschiedenen Farben aus der Restekiste und versehen mit einem schwarzen Rand, entsteht im Nu ein sehr schöner und einfach zu bauender Drachen.

Wenn Sie dennoch nicht auf einen Schwanz verzichten möchten, sollte dieser aus vier bis fünf Streifen bestehen, die etwa drei- bis fünfmal so lang wie der Drachen sind. Unser kleiner Drachen steht mit einem Schwanz natürlich viel ruhiger in der Luft und wirkt erst noch grösser.

Bauanleitung

Zuschneiden und Nähen

Jeder Drachenbauer hat seine Restekiste, die von Zeit zu Zeit etwas geleert werden sollte. Drei bis fünf Farben genügen bereits, um ein sehr schönes Segel zu nähen. Wenn man die Teile aufeinanderheftet, kann man auch runde Formen wählen.

Es werden jeweils zwei Teile zusammengenäht und dann mit dem Lötkolben geradegeschnitten. An die so entstandene Kante setzt man ein weiteres Stück in entsprechender Grösse an und so weiter, bis man ein genügend grosses Segelteil zusammen hat. Aus diesem Segeltuch schneiden wir mit Hilfe einer Schablone das innere Segel des Drachens aus.

An diesen farbigen Innenteil nähen wir in derselben Nähtechnik den schwarzen, in vier entsprechend lange Stücke geschnittenen 7,5 cm breiten Kontrastrand an. Segel und Randstreifen werden mit der Rückseite nach unten nebeneinandergelegt, dann wird der schwarze Randstreifen auf das Segel gelegt, so dass

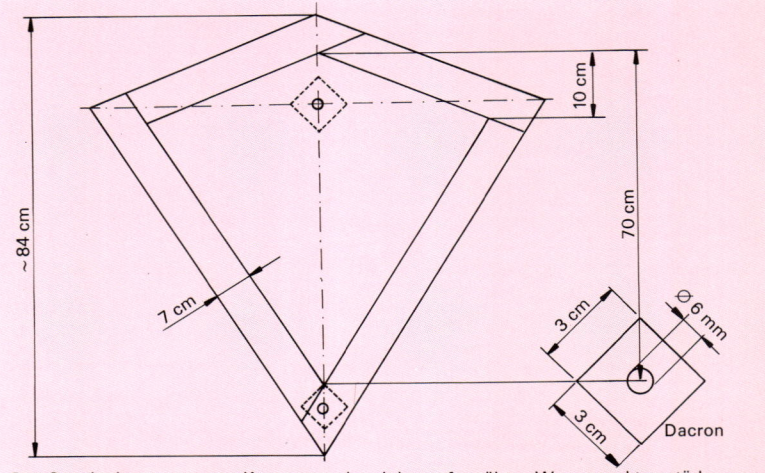

Das Segel mit angesetztem Kontrastrand und den aufgenähten Waagepunktverstärkungen

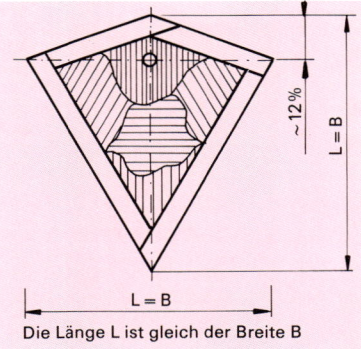

Die Länge L ist gleich der Breite B

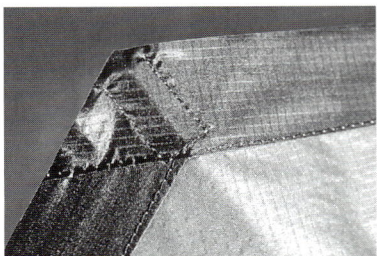

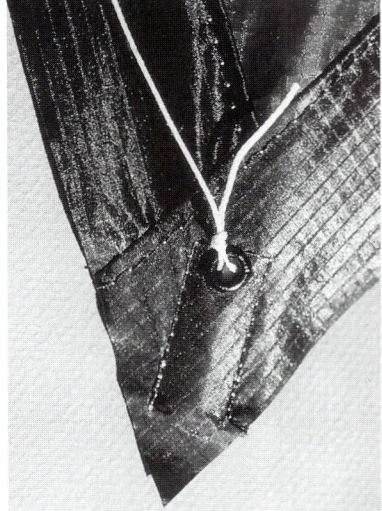

Materialliste

0,2 m² Ripstop-Nylon 42 g/m², farbig
Ripstop-Nylon 42 g/m², schwarz, 7,5 cm breit, etwa 2 m lang
evtl. 4–5 Streifen Ripstop-Nylon 42 g/m², farbig oder schwarz, 3,5 cm breit, 1,5 m lang
1 Kreuzverbinder, 5 mm ⌀
2 Raminstäbe, 5 mm ⌀, 1 m lang
4 Endkappen, 5 mm ⌀
4 Stabtaschen aus Dacron, 1,5 × 4,5 cm
2 Waagepunktverstärkungen aus Dacron, 3 × 3 cm
1 Waageschnur, 1,5 m lang, ca. 25 kp Reisskraft
1 Waagering, innen 14 mm ⌀

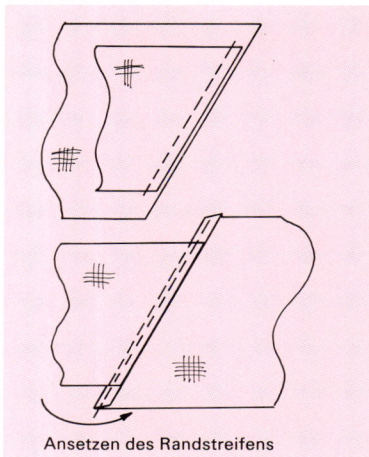
Ansetzen des Randstreifens

die Oberseiten aufeinanderliegen (Stoff rechts auf rechts). Nun werden die beiden Stofflagen fixiert, z. B. durch Punktieren (siehe Seite 31), und dann mit einem 3 bis 4 mm weiten geraden Stich aufeinandergenäht. Die Stofflagen auseinanderklappen und den überstehenden Saum am Segel annähen.
Die über das Segel hinausragenden Teile des Randstreifens werden mit dem Lötkolben oder der Schere entsprechend der Segelform (eventuell mit Hilfe der Schablone) abgetrennt. Ebenso verfährt man, um an den drei übrigen Seiten den Rand anzusetzen.

Stäbe einpassen

Wenn das Segel fertig genäht ist, markieren wir auf der Rückseite die Position des Längs- und des Querstabes. Damit erhalten wir zugleich auch die Position der Stabtaschen und des Waagepunktes unter dem Kreuzverbinder.
Die vier Stabtaschen werden so positioniert, dass sie nicht über die Stoffecken vorstehen. Die Stabtaschen sind extra gross gewählt, damit die Stäbe nicht herausfallen, selbst wenn Kinder den Drachen einmal mit der Spitze nach unten über die Wiese ziehen.
Die Stäbe sind mit 5 mm Durchmesser leicht gewählt. Wenn absehbar ass der Drachen gelegentlich etwas strapaziert wird, wählen Sie von vornherein 6-mm-Stäbe. Der Mittelstab ist durchgehend. Wie jeder Stab wird er so abgemessen, dass er mit seinen Endkappen straff, aber ohne das Segel zu verspannen, sitzt. Bevor wir ihn einsetzen, wird der Kreuzverbinder aufgeschoben.
Die beiden Querstäbe werden nach demselben Prinzip an- und eingepasst. Damit sie nicht zerbrechen, montieren wir sie zunächst in die Stabtaschen. Die Endkappen dabei nicht vergessen. Erst danach stecken wir sie in die vorgesehenen Bohrungen des Kreuzverbinders.
Das Drachenprofil sollte sich nach hinten ausbilden, nicht dass Ihre Drachenflügel nach vorne zeigen.
Falls gewünscht, schneiden wir vier bis fünf Schwanzbänder von 150 cm Länge und 3,5 cm Breite zu. Werden die Streifen aus Ripstop-Bahnen (quer etwa 104 cm breit) geschnitten, müssen die fehlenden 50 cm jeweils mit einer Kappnaht angesetzt werden.

Anbringen der Waage

Die 1,5 m lange Waageschnur wird durch das Segel hindurch an den

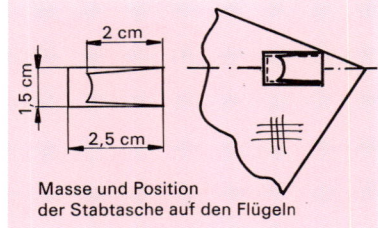
Masse und Position der Stabtasche auf den Flügeln

Mittelstab geknotet. Den Punkt für das Einlegen der Waage wählt man so, dass der Drachen einen Winkel von etwa 30 Grad zum Boden hat.

Korrekturen

Wenn unser Eddy nur zieht und nicht steigt oder mit den Seiten ständig vor- und zurückgeht, sitzt der Waagering zu tief und muss zur Spitze hin verschoben werden.
Tänzelt der Drachen, ohne spürbaren Zug zu entwickeln, ist der Waagering zu hoch oben und muss nach unten verschoben werden.

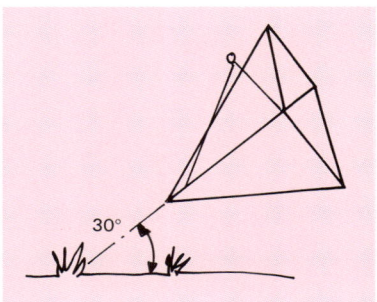

Yakko

Der Yakko hat seinen Ursprung in Japan. Der Begriff bedeutet «Diener», ein Yakko-Dako ist demnach ein Dienerdrachen. Dieser Drachen ist ein guter Flieger, er gehört nicht zu den immer ruhig am Himmel stehenden Drachen.

Der Yakko ist extrem einfach zu bauen, doch seine ausgefallene Form lädt geradezu zum Experimentieren ein. Lassen Sie der Phantasie freien Lauf: Darf es ein Ballon sein, mit einem Teddybären im Ballonkorb? Oder vielleicht ein Pilz? Wie wär's mit einem Flugzeug oder einem Marienkäfer? Vielen Drachenbauern sind die Bienen des Drachenkonstrukteurs Ryx aus Holland bekannt; sein Leinenschmuck hat als Ursprung ebenfalls den Yakko-Dako.

Die runde Form ist, wenn auch etwas ungewohnt, sehr angenehm für das Auge. Die durch die Anordnung des Stabes entstehenden Löcher an den Seiten dienen der Stabilisation. Dort strömt die Luft aus, und dieser Sog stabilisiert den Yakko. Die Aussenseiten biegt der Wind leicht nach hinten, der Drachen erhält so zusätzlich zu den beiden Luftlöchern Profil.

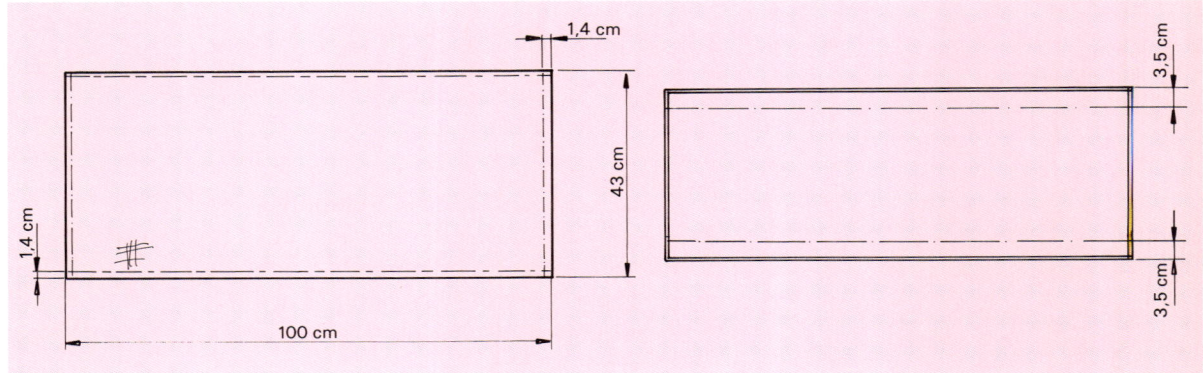

Bauplan

Zuschneiden und Nähen

Zuerst werden das rechteckige Grundsegel und die drei Bänder für die Waagepunkte zugeschnitten. Für das Zuschneiden des Segels benützen wir die Schere oder den Lötkolben. Dabei ist auf die Einhaltung der 90-Grad-Winkel zu achten.

Das Sujet des Segels sollte innerhalb der Nähte für die Stabtaschen liegen oder, wenn es über die Segelgrundform hinausreicht, später aufgenäht werden.

Entlang den Kanten des Segels markieren wir eine 1,4 cm breite Hilfslinie für die Säume. An den Schmalseiten wird jeweils ein stärkerer, doppelter Saum genäht. Dazu wird der Stoff entlang der 1,4-cm-Linie umgelegt. Ungeübte Näher können diesen einfachen Saum ein erstes Mal mit einem weiten geraden Stich fixieren. Dann wird dieser einfache Saum nochmals umgelegt und erneut genäht. Geübtere Drachenbauer falten den Saum direkt doppelt um und nähen ihn in einem Durchgang fest. An den Längsseiten wird der Stoff nur einmal auf der 1,4-cm-Linie umgelegt und genäht. Zum Schluss wird noch die genaue Position der drei Waagelaschen bezeichnet.

Auf dem gesäumten Segel markieren wir nun die beiden 3,5-cm-Hilfslinien für die Stabtaschen, falten die Kanten auf dieser Linie um und nähen sie etwa 3 bis 5 mm von der Kante entfernt. So erhalten wir eine Stabtasche, die über die ganze Segellänge führt.

Nun markieren wir die genaue Segelmitte und mit Hilfe dieser Mittellinie die Position der beiden Waagepunkte.

Die 10 cm langen Laschen werden in der Mitte gefaltet und die beiden Enden etwa 1 cm nach innen umgeschlagen. Die so geformten Laschen werden an den Waagepunkten bündig an die Segelkante gelegt und festgenäht. Dabei ist darauf zu achten, dass die Stabtasche des Segels durch diese Naht nicht verengt wird. Die obere Naht liegt deshalb auf Höhe der Stabtaschennaht. Am dauerhaftesten ist eine Naht in Form eines X.

Einpassen des Stabes

Für das Segel des Yakko benötigen wir einen einzigen Stab. Durch seine Tendenz, nach aussen zu drücken, spannt dieser das Segel auf und gibt ihm seine typische Form. Wir können einen 3-mm-Glasfaservollstab von 2 m Länge ohne Kürzen verwenden.

Vor dem Einschieben kleben wir auf der einen Stabseite mit Zweikomponenten-Epoxykleber die Aluminiumhülse auf. Die andere Seite des Stabes schleifen wir etwas an, damit sich beim Einschieben keine abstehenden Fäden einhaken können.

Materialliste

1 rechteckiges Segel aus Ripstop, 43 × 100 cm
3 Ripstop-Bänder, 10 cm lang, 2,4 cm breit, für die Waagepunkte
2 Aluminiumringe, innen 12 mm ⌀
1 Glasfaserstab, 3 mm ⌀, 2 m lang
1 Aluminiumhülse, innen 3 mm ⌀, ca. 6 cm lang
2 geflochtene Waageschnüre, ca. 35 kp Tragkraft, 2 m lang

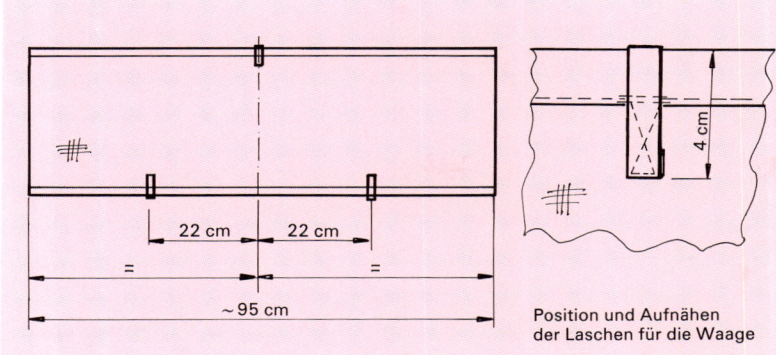

Position und Aufnähen der Laschen für die Waage

Beim Einschieben des Stabes ist darauf zu achten, dass der Verbinder später unter der mittleren Lasche liegt. Daher beginnen wir an der Segelseite mit den beiden Laschen. Dann wird der Stab so stark gebogen, dass wir ihn in die andere Stabtasche einführen können.

Das andere Stabende wird nun in die zweite Tasche eingeschoben, direkt bis in die Hülse. Daraufhin drapieren wir das Segel so, dass die Ekken in den Rundungen auf beiden Seiten gleich weit voneinander stehen und die Hülse dabei genau in der Mitte unter der Lasche des Waagepunktes sitzt.

Anbringen der Waage

Die erste der beiden 2 m langen Waageschnüre spleissen wir mit je einem Ende in die beiden 44 cm voneinander entfernten Waagepunkte. Genau in die Mitte dieser Waageschnur legen wir den ersten Ring mit einer doppelten Bucht ein. Die zweite Schnur spleissen wir an diesen Ring und mit dem anderen Ende an den in der Segelmitte liegenden Waagepunkt. In diesen Waageschenkel legen wir den Aluminiumring für den Zugpunkt ein.

Die Einstellung des Waagepunktes müssen Sie durch Ausprobieren festlegen.

Achtung: Lassen Sie den Drachen nicht zu steil fliegen! Überfliegt er Sie, stürzt er meist ab, da er sich nicht mehr selbst stabilisieren kann.

Korrekturen

Wenn der Drachen auf eine Seite zieht, korrigiert man dies durch Verschieben des Ringes der oberen Waage. Man muss millimeterweise vorgehen und dazwischen immer wieder Flugtests machen.

Bei zu kräftigem Wind kann es sein, dass sich der Flügelstab verwindet und der Drachen nicht mehr fliegen kann. In diesem Fall wäre es notwendig, den Drachen zu versteifen, zum Beispiel, indem man die drei Waagepunkte verstrebt. Je steifer der Wind wird, desto besser sollte er versteift werden.

Schwänze

Damit der kleine Drachen im Flug ruhiger wird, bringt man am besten mehr Flächen an. Bänder von ein bis zwei Meter Länge als Schwänze sind eine gute und schöne Lösung. Der Drachen wirkt durch diese Schwanzbänder erst noch bedeutend grösser.

Anstelle von Schwanzbändern kann man auch eine Quaste an einer etwa fünf Meter langen Schnur einhängen. So behält der Drachen seine optische Form und wird dennoch durch die Wirkung der Quaste stabilisiert.

Drachenmodelle: Yakko

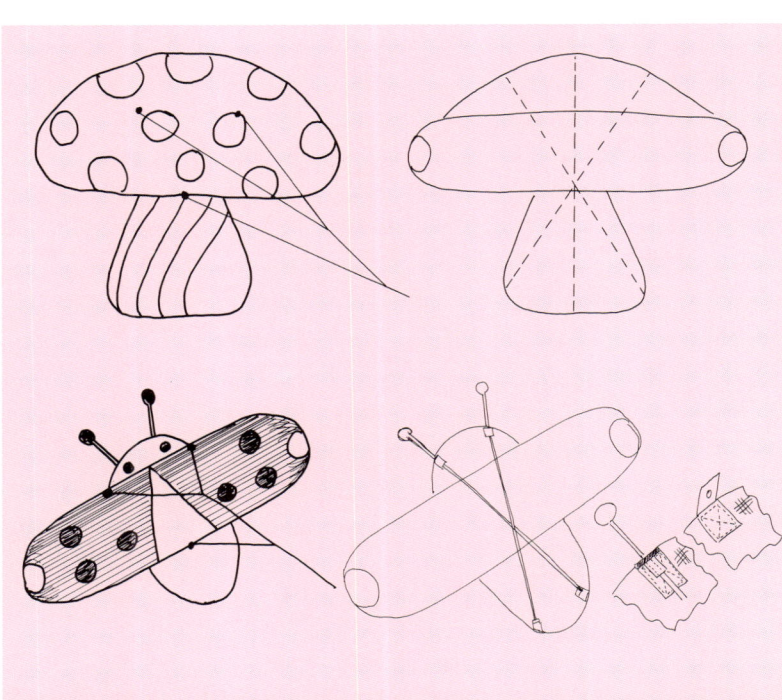

Della Porta

Ist es nicht ein herrlicher, wohlklingender Name, den dieser Drachen trägt? Der Della Porta gilt, wie sein Name es andeutet, als spanischer Drachen. Derselbe Drachen mit leicht abweichender Konstruktion ist auch unter dem Namen «Russischer Riese» bekannt. Der Wandel von der quadratischen zur rechteckigen Form hat die Flugleistung dieses Flachdrachens enorm gesteigert. Darüber hinaus bieten die modernen, leichten Materialien nochmals eine Steigerung und machen den ursprünglich typischen Herbstdrachen zum ganzjährig flugtauglichen Leichtwinddrachen. Der Della Porta ist einfach zu bauen und in allen Grössen variierbar. Ob ein- oder vielfarbig, bietet dieser Drachenklassiker immer einen schönen Anblick am Himmel. Er ist bereits bei leichtem Wind ein guter Flieger, kann aber auch einmal eine kräftige Brise vertragen.

Typisch für diesen Drachen ist die in der oberen Segelhälfte angebrachte Querstrebe, welche diesen Teil merklich versteift. Demgegenüber wird bei entsprechendem Schwanzdruck die untere Drachenhälfte leicht zusammengezogen, wodurch sich

so etwas wie eine Kieltasche ausbildet und einen Druckausgleich ermöglicht. Dies geschieht bei leichtem Wind weniger als bei kräftigeren Windverhältnissen. Sein Flugwinkel ist eher flach, gerade deshalb ist er aber sehr gut als Träger für Drachenfähren geeignet, welche an seiner Schnur hinauf- und herunterfahren. Der Della Porta braucht einen langen Schwanz – ein Requisit, das in den vergangenen Jahren fast völlig vom Himmel verschwunden ist.

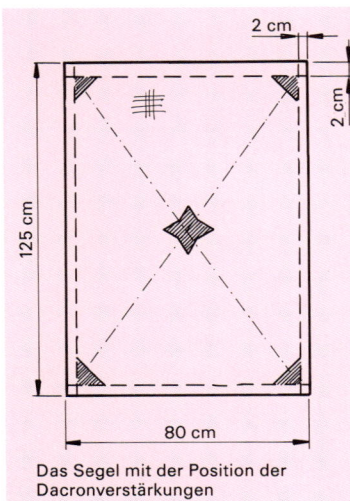

Das Segel mit der Position der Dacronverstärkungen

Bauanleitung

Zuschneiden

Beim Zuschneiden des Segels ist es wichtig, darauf zu achten, dass die Seitenwinkel genau 90 Grad betragen.
Für die Verstärkungen an den vier Ecken schneiden wir aus dem 7 cm breiten Dacron am besten heiss mit dem Lötkolben 4 Dreiecke mit einem Winkel von 90 Grad zu. Für die Verstärkung des Mittelpunkts verwenden wir ein Viereck oder einen Stern.

Dacronverstärkung für den Mittelpunkt

Dacronverstärkung für die Ecken

Materialliste

Für das Segel

1 m² Ripstop-Nylon
4 Streifen Ripstop für die Laschen, 12 cm lang, 2,4 cm breit
4 Dacronverstärkungen, 7 cm breit, für die Ecken
1 Dacronverstärkung für das Zentrum
1 Öse, 10 mm ⌀
3 Nieten
6 D-Ringe, 14 mm ⌀
1 Spreizstab
2 Schlauchstücke
2 Diagonalstäbe
2 Muffen in passender Grösse bei Bedarf
4 Schlauchstücke
1 Schlüsselring
2 Alu-Ringe, mittelgross
1 Alu-Ring, gross, für die Waage
ca. 4 m Drachenschnur, ca. 35 kp Reissfestigkeit, für die Waage

Für den Schwanz

17 Ripstop-Streifen, ca. 1 m lang, 15 cm breit
8 Streifen Ripstop für die Laschen, 8 cm lang, 2,4 cm breit
1 Ripstop-Quaste, ca. 30 × 30 cm
4 Wirbel
8 Schlüsselringe

Nähen

Als erstes wird das Segel genäht. Die durch den Winddruck nur leicht gewölbte Fläche erlaubt alle Arten von Gestaltungen und Mustern. Am fertigen Segel kontrollieren wir genau die Segelabmasse. Stimmen die Winkel, die Abmasse von Länge und Breite, so können wir auf der Rückseite die Linien für den doppelten Saum anzeichnen.
Die Dacronecken werden jeweils 2 cm vom Rand auf die Hilfslinien gelegt und fixiert. Die Ecken können bereits festgenäht werden.
Anschliessend wird die Aussenkante des Segels bis zur Hilfslinie umgelegt und der so entstandene einfache Saum nochmals umgelegt. Wir erhalten so einen doppelten Saum von 1 cm Stärke. Der Saum wird, an einer Ecke beginnend, mit einem weiten geraden Stich genäht.

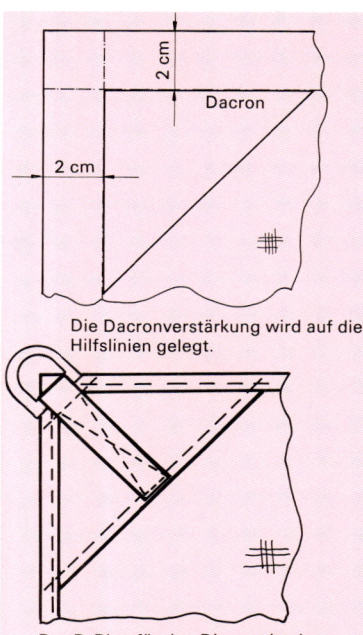

Die Dacronverstärkung wird auf die Hilfslinien gelegt.

Der D-Ring für den Diagonalstab

Als nächstes nähen wir die 4 Laschen mit den D-Ringen auf dem Dacron fest. Oben ist in jeder Lasche ein D-Ring, unten sind je zwei D-Ringe angebracht; beide D-Ringe sollten über die untere Segelkante hinausragen. In den zum Segel hin liegenden D-Ringen wird das Segel aufgespannt, der zweite Ring wird für die Schwanzhalterung benötigt.

Mit einem Lineal bezeichnen wir den genauen Mittelpunkt des Drachens. Auf diese Markierung nähen wir die dafür vorgesehene Dacronverstärkung. Dann schlagen wir genau in den Schnittpunkt eine mittelgrosse Öse (10 mm) für die Waageschnur ein.

Einpassen der Stäbe

Ob wir eine Muffe benötigen oder nicht, hängt von der Länge der Stäbe oder dem gewünschten Packmass ab. Die Hülsen müssen nicht auf dem Mittelpunkt liegen.

Die Länge der Diagonalstäbe muss individuell gewählt werden. Sie sollen so lang sein, dass das Segel straff gespannt ist, ohne gedehnt zu werden. Zusätzlich geben wir eine Reserve von 1,5 cm an beiden Enden, um Korrekturen an der Spannung vornehmen zu können. Nachdem die genaue Stablänge markiert ist, schneiden wir die Stäbe zu. Die Enden verschliessen wir mit einem 5 cm langen passenden Stück Holz und runden die Kanten mit Schleifpapier. Auf jeden Stab kommt eine Endkappe, die zugleich auch als Schutz dient.

Damit der Stab an seinem Platz bleibt, schieben wir ein 1 cm langes, festsitzendes Schlauchstück auf jedes Stabende. Das Schlauchstück wird nicht angeklebt, damit es sich bei einem Absturz verschieben kann und nicht alle Kraft auf die Nähte des Segels geht.

Tip: Sollte sich eines der Schlauchstücke unter Winddruck verschieben, einfach zwei Schlauchstücke anbringen. Sie bremsen sich gegenseitig. Oder das Schlauchstück mit ein wenig Isolierband fixieren.

Der Querstab in der oberen Drachenhälfte gibt dem Segel zusätzlichen Halt. Zudem bewirkt er, dass sich der Drachen in der unteren Hälfte mehr zusammenzieht und sich so ein Profil bildet. Dieses Profil gibt wiederum dem Drachen mehr Stabilität und passt sich zudem flexibel dem Winddruck an. Ich positioniere den Querstab in der Höhe von etwa zwei Dritteln der oberen Hälfte. Man kann ihn jedoch etwas nach oben oder unten verschieben, wenn dies (z. B. wegen des Segeldesigns) nötig sein sollte. Diagonalstäbe und Querspreizstab sollten den gleichen Durchmesser haben.

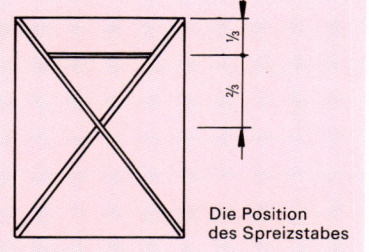

Die Position des Spreizstabes

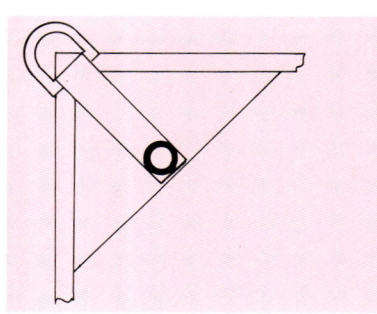

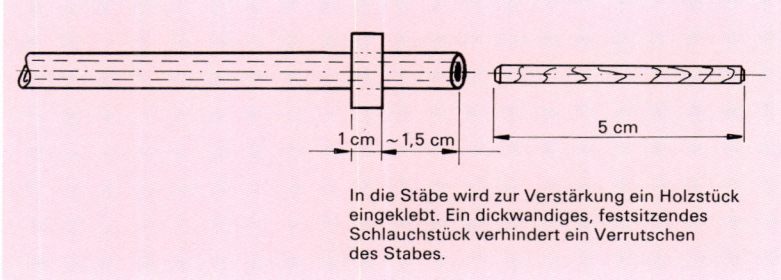

In die Stäbe wird zur Verstärkung ein Holzstück eingeklebt. Ein dickwandiges, festsitzendes Schlauchstück verhindert ein Verrutschen des Stabes.

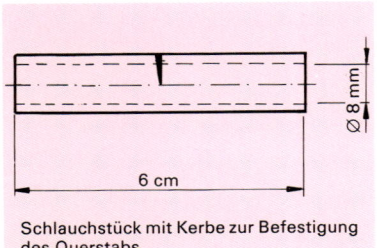

Schlauchstück mit Kerbe zur Befestigung des Querstabs

Die Befestigung ist denkbar einfach: Wir benötigen lediglich zwei mindestens 6 cm lange Schlauchstücke, deren Innendurchmesser dem Aussendurchmesser des Stabes entspricht. In der Mitte wird mit einem Messer oder einer Säge ein Schnitt ausgeführt. Nun zieht man die eine Hälfte auf den Stab auf. Die zweite Hälfte steht ab. In diese wird nun der Querstab eingepasst. Wenn dieses Stück nicht fest genug sitzt, sollte zusätzlich ein Stopperschlauchstück aufgezogen werden.
Tip: Armierter Schlauch (Gewebeschlauch) hält länger.

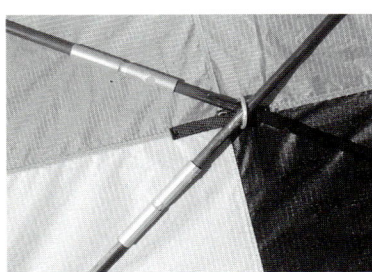

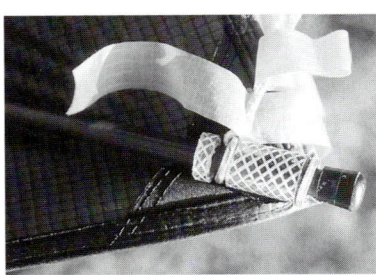

Der Drachenschwanz

Drachenschwänze verdrehen sich leicht. Um dies zu verhindern, arbeiten wir mit mehreren Wirbeln. Dazu wird am Anfang und am Ende jedes Schwanzteils eine Lasche angenäht, in die wir einen kleinen Schlüsselring und in diesen dann einen Wirbel einhängen können.
Der Schwanz besteht aus fünf Teilen. Zwei Teile bilden die Schwanzwaage, zwei den eigentlichen Schwanz und die Schwanzverlängerung. Und das letzte Teil ist die abschliessende Quaste.
Die Aufgabe des Drachenschwanzes besteht darin, den Drachen nach unten zu ziehen und so ein Gegengewicht zu dem durch Waage und Segelfläche erzeugten Auftrieb zu bilden. Daher kann je nach Windverhältnissen der Schwanz zu schwer oder zu leicht sein. Neben seiner Funktion als Gegengewicht hilft ein langer, leichter Schwanz durch seine Trägheit auch, das für Flachdrachen typische Pendeln auszugleichen.
Pendelt der Drachen hin und her, kann dies verschiedene Gründe haben: Der Schwanz des Drachens ist für die Windverhältnisse zu kurz. Abhilfe schafft mehr Gewicht. Dies erreicht man durch Verlängerung des Schwanzes (eventuell über die 11fache Drachenlänge hinaus) oder indem man auf der Wiese eine entsprechend schwere Grasnabe in den Schwanz einbindet.
Ein anderer möglicher Grund ist, dass die Waage nicht richtig eingestellt ist. Der Waagepunkt liegt zu hoch. Schrittweise korrigieren wir den Waagering zur Drachenmitte hin. Der Drachen reagiert auf diese Korrektur mit einer Erhöhung des Flächendrucks und eventuell reduzierter Steigleistung.
Ist der Schwanz dagegen zu schwer, hebt sich der Drachen nicht vom Boden ab. Dann heisst es: Schwanz kürzen. Der Drachen wird es Ihnen danken, indem er in den Himmel aufsteigt.

Zuschneiden und Nähen

Der Schwanz besteht also aus fünf Teilen: den zwei Schenkeln der Schwanzwaage, den beiden eigentlichen Schwanzteilen und der Quaste. Für die Länge des Schwanzes gilt als Faustregel: 7mal die Drachenlänge bei leichtem Wind, 11mal die Drachenlänge bei stärkerem Wind. Wir benötigen also runde 16 Meter 15 cm breite Ripstop-Streifen und für die Schwanzwaage noch zweimal einen Meter.

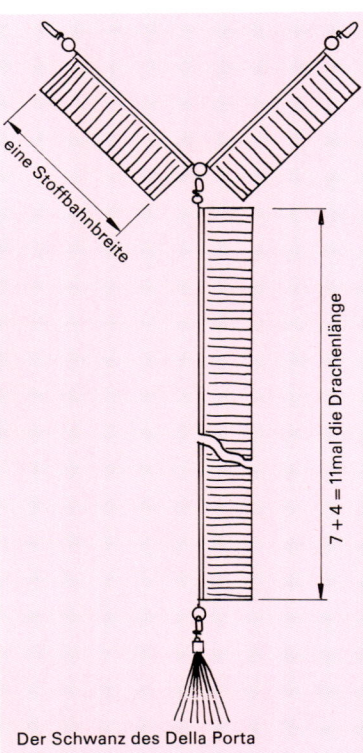

Der Schwanz des Della Porta

Wir machen einen dekorativen Fransenschwanz. Dazu nähen wir auf der einen Längsseite der Stoffstreifen einen doppelten Saum. Wer möchte, kann zusätzlich eine Schnur mit einnähen (der Schwanz erhält dadurch mehr Gewicht und wird etwas steifer). Mehrere Teile werden zusammengenäht, indem auf das Ende des einen Teiles etwa 5 cm überlappend der Anfang des nächsten gelegt und festgenäht wird.

Am Anfang und am Ende der Schwanzteile nähen wir eine Lasche auf, in die jeweils ein kleiner Schlüsselring eingelegt wird.

Die Fransen schneiden wir mit einem Japanmesser auf einer Glasplatte (harte Unterlage) in einem Abstand von 1 bis 3 cm. Darauf achten, dass dabei der Saum nicht beschädigt wird! Die Schnitte beginnen knapp hinter der Saumkante.

Die Quaste wird aus einem Stück Ripstop von 30 × 30 cm gedreht. Eine Kante erhält einen doppelten Saum. Links nähen wir eine Lasche fest. Nun schneiden wir die Fransen möglichst dünn mit dem Japanmesser. Danach rollen wir, bei der Lasche beginnend, die Quaste zusammen und binden sie unter dem Saum mit einer Schnurbandage dauerhaft fest zusammen. Die Bandage und besonders der Knoten werden mit Leim zusätzlich fixiert, damit die ganze Pracht nicht eines Tages aufgeht. Die Quaste sollte ein leuchtender Abschluss des Schwanzes sein.

Für die Schwanzwaage hängen wir die beiden Karabiner an den dafür vorgesehenen D-Ringen des Drachensegels ein. Der Karabiner des Schwanzstücks kommt in die Ringe der Schwanzwaage. Schliesslich wird noch als Abschluss die Quaste eingehängt.

Wichtig: Die beiden Teile der Schwanzwaage müssen genau gleich lang sein. Ist dies nicht der Fall, zieht der Drachen einseitig!

Anbringen der Waage

Zusätzlich zur Öse in der Drachenmitte brauchen wir noch zwei Ösen für die obere Waage. Wir setzen sie genau unter den Stab am unteren Rand der Dacronverstärkung, so dass sie hinter das Schlauchstück zu liegen kommen.

Als nächstes bereiten wir die beiden Waageschnüre vor. Die obere, durchgehende ist 2 m lang. An jedes Ende knoten wir eine 10 cm lange Schlaufe. Genau in die Waageschnurmitte wird mit einer doppelten Bucht ein Alu-Ring eingelegt.

Die zweite Waageschnur ist 160 cm lang. Das eine Ende wird am Alu-Ring der oberen Schnur befestigt. (Am schönsten ist es, wenn diese Verbindung gespleisst ist.) Das zweite Ende führen wir durch die Öse in der Drachenmitte. Wir verspleissen oder verknoten dieses Ende an den grossen Aluminiumring, durch welchen die beiden Diagonalstäbe laufen. Den letzten Ring, für die Drachenschnur, befestigen wir an dem Punkt, der den Drachen in einem Winkel von etwa 30 Grad hält.

Korrekturen

Für den Start sollte man den Schwanz entgegen der Windrichtung auslegen, so zieht der steigende Drachen ihn hoch, ohne seine Flugrichtung zu verlieren.

Gelegentlich zieht der Della Porta beim Start nach einer Seite weg. Dann sollte man den Start abbrechen, indem man zum Beispiel

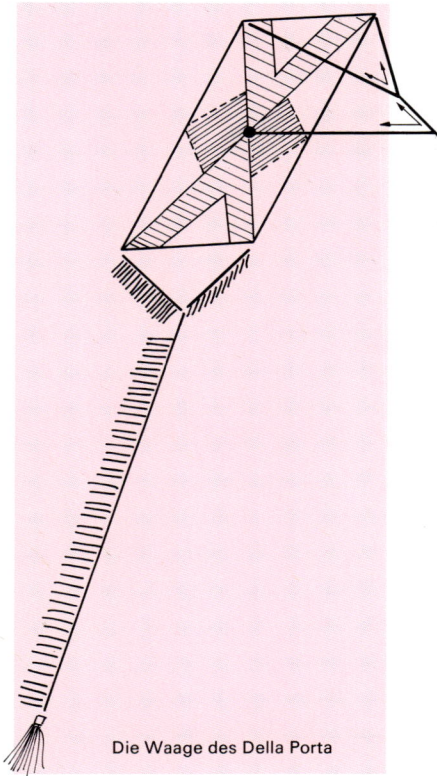

Die Waage des Della Porta

rasch gegen den Drachen läuft, und den Start wiederholen.

Steigleistung und Zugkraft können am Waagering reguliert werden, indem man die Waage nach oben oder nach unten verschiebt. Testen Sie ruhig ein wenig aus, wo die beste Einstellung liegt.

Zieht der Drachen schräg, sollte man vor einer Korrektur der Waage die Position der Schwanzwaage kontrollieren und eventuell korrigieren. Wenn der Drachen dann immer noch leicht schräg fliegt, verschiebt man den Ring der oberen, durchgehenden Waageschnur. Neigt sich der Drachen zum Beispiel nach rechts, muss der Waagering ein wenig nach links verschoben werden oder umgekehrt.

Genki

Mit diesem extrem leichten Drachen kann man sich an lauen Sommerabenden, wenn fast kein Wind zu spüren ist, ins Gras legen und die Gedanken mit dem Drachen über den Alltag hinaus in den Himmel schicken.

Schon ein leichter Sommerwind, wie er oft abends fünfzig Meter über Grund weht, trägt dieses Leichtgewicht in den Himmel hinauf und hält es dort mit sanfter Kraft fest. In den nicht versteiften Flügeln spielt der Wind, sie heben und senken sich leicht wie Fahnen. Der Genki erhält so seinen Auftrieb und seine Stabilität. Wenn der Wind sanft ist, verwende ich nur eine leichte 15-kp-Schnur. Doch, Achtung, bei sich verstärkendem Wind kann diese reissen. Also immer etwas Schnur bereitlegen, um bei erhöhtem Druck auf die Fläche noch etwas Schnur nachgeben zu können. Wenn die Flügelkanten des Drachens im Wind knattern, ist es schon lange Zeit, statt des Genki einen stabileren Drachen in die Schnur zu hängen.

Der Drachen ist in seiner Grundform recht einfach, deshalb ist er sehr gut für Anfänger geeignet. Es liegt an Ihnen, sich den Blick in den Himmel mit gelungenen Applikationen zu verschönern.

Linke Seite:
Signet des Pfadfinder-Bundeslagers 1994

Bauanleitung

Zuschneiden

Die Abmessungen der Segelteile direkt auf den Stoff zeichnen oder noch besser für jedes der Einzelteile eine Schablone aus Karton erstellen. Nachdem alle Masse zur Kontrolle nochmals nachgemessen wurden, schneiden wir die Segelteile sorgfältig aus: die 3 Teile des Hauptsegels, die 4 Kiele und 6 Stabtaschen, 2 × 6 cm, aus Dacron, 2 Haltebänder für die Stabkreuze aus Ripstop, 2 × 20 cm, sowie 2 Sicherungsschlaufen aus Ripstop, 3 × 7 cm.

Ein schönes Detail ist es, wenn die Säume der Kiele gegeneinandergerichtet sind und die glänzende Stoffseite jeweils nach aussen zu liegen kommt.

Nähen

An den drei Teilen des Hauptsegels die Linien für den doppelten Saum an den Aussenkanten einzeichnen und den Saum mit einem weiten Stich von 3 bis 4 mm nähen.

Die Kiele werden an den Aussenkanten ebenfalls doppelt gesäumt. Die entstandene Spitze wird umgelegt und festgenäht. So entsteht die Schlaufe, in welche später die Waageschnur eingeknüpft wird.

Die beiden Haltebänder und die Laschen für die Stabsicherung werden jeweils dreifach längs gefaltet und

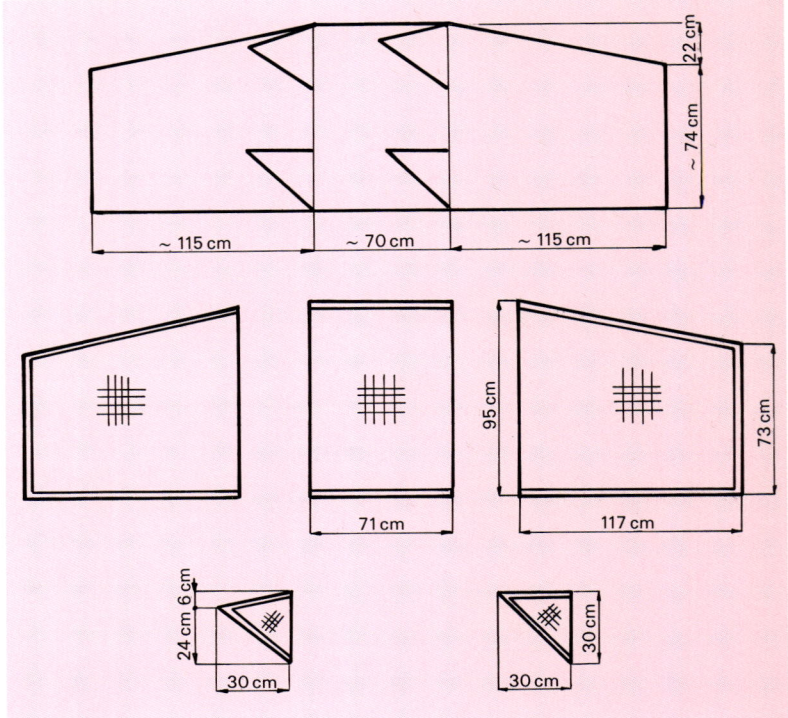

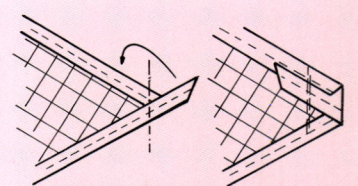

Die Kiele werden gesäumt und die Spitze zur Schlaufe umgelegt.

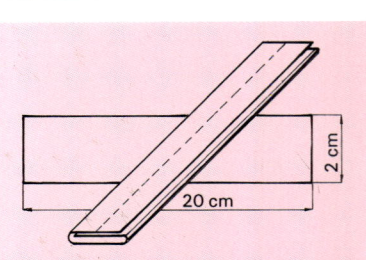

Halteband: dreifach gefaltet und genäht

Materialliste

3,5 m Ripstop 32–42 g/m^2 (für Applikationen entsprechend mehr Stoff rechnen)
2 Raminholzstäbe, 6 mm ⌀, 1 m lang, für die Längsstäbe
4 CFK-Stäbe, 5,5 mm ⌀, 82,5 cm lang, für die Querstäbe
60 cm Dacronband, ca. 2,2 cm breit
3 Aluminium-Ringe, ca. 14 mm ⌀, für die Waage
5 m Waageschnur, ca. 25 kp Reissfestigkeit
2 Schutzkappen für die Kohlefaserstäbe
4 Stabverbinder für die Kohlefaserstäbe
ca. 5 m Drachenschnur, ca. 45 kp Reissfestigkeit

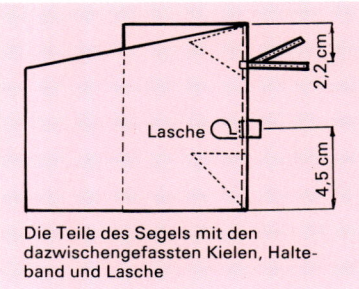

Die Teile des Segels mit den dazwischengefassten Kielen, Halteband und Lasche

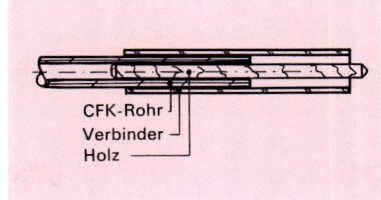

entlang ihrer Mittelachse zusammengenäht.

Die genaue Position der Kiele, der beiden Laschen für die Stabführungen und der Haltebänder markieren. Die Teile des Segels mit den dazwischengefassten Kielen am besten durch Punktieren mit einer feinen Lötkolbenspitze zusammenheften, um ein Verrutschen während des Nähens zu verhindern. Dann gemeinsam mit den Haltebändern und den Laschen zusammennähen (gerader Stich oder Zickzackstich).

Nun wird die Lage der Stabtaschen eingezeichnet. Die Taschen der Längsstäbe liegen jeweils nahe an den Nahtkanten. Die sechs Stabtaschen mit einem etwas kleineren geraden Stich von etwa 2 mm Länge annähen.

Stäbe einpassen

Die Kanten der als Längsstäbe dienenden Ramin-Rundholzstäbe werden sorgfältig abgerundet und dann genau eingepasst, ohne das Segel zu überspannen.

Der Querstab wird aus fünf Kohlefaserröhrchen zusammengesetzt. Auf den mittleren Stab klebe ich links und rechts je einen Verbinder auf. In das Rohr selbst klebe ich ein Stück Rundholz. Dadurch erhält man eine doppelte Stabführung und vermindert die Bruchgefahr um ein Vielfaches. Auch die an den mittleren Stab angesetzten Stäbe erhalten jeweils einen Verbinder. Zum Schluss werden noch zwei Kohlefaserstäbe entsprechend der genauen Drachenflügellänge abgelängt und befestigt. An jedem Ende des Querstabs eine passende Endkappe festkleben. Man kann die letzten kleinen Stabstücke auch an den vorangehenden Stäben festkleben. Dann ist der Drachen weniger klein zerlegbar (Transportlänge etwas grösser als ein Meter).

Tip: Ich verwende einen Zweikomponenten-Epoxy-Kleber, der eine viel dauerhaftere Klebung ergibt als jene mit Sekundenkleber.

Anbringen der Waage

Der Genki soll keinen Zug entwickeln, er soll auf dem Wind reiten. Die obere Waage kann mit der Drachenschnur fast einen rechten Winkel bilden. *Test:* Wenn man den Drachen nur am Ring der oberen Waage in den Wind hält, sollte er so bereits fliegen.

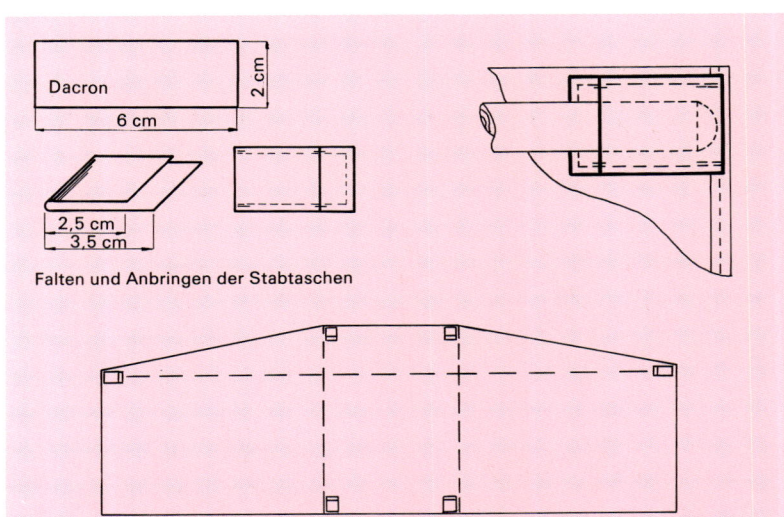

Falten und Anbringen der Stabtaschen

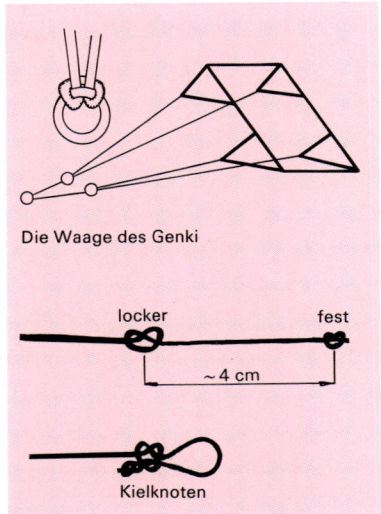

Die Waage des Genki

Der Drachen fliegt fast senkrecht über dem Piloten. Aus diesem Grund empfiehlt es sich, sich hinzulegen, da sonst Nackenschmerzen unvermeidlich sind.

Der Genki bekommt eine Verbundwaage aus drei Teilschnüren. Die obere Waageschnur ist 180 cm lang und wird in die linke und rechte Kielschlaufe eingeknüpft.

An beiden Schnurenden machen wir im Abstand von 4 cm je zwei DIN-Knoten oder halbe Schläge. Der eine Knoten am Schnurende wird fest angezogen, der zweite ist vorerst noch locker. Nun ziehen wir die Schnur durch die Kiellasche, stecken anschliessend den festen durch den lockeren Knoten und ziehen diesen nun fest. Die untere Waageschnur ist 220 cm lang. Auch sie wird wie oben beschrieben an den unteren Kielen befestigt. Nun legen wir jeweils genau in der Schnurmitte mit Hilfe eines Buchtknotens je einen Ring ein. An diesen beiden Ringen befestigen wir nun die dritte Schnur, die eine Länge von etwa 50 cm hat. Am besten verbinden wir sie durch Spleissen. Wir können dazu aber auch den oben beschriebenen Knoten verwenden. In diese Schnur wird nun der dritte Ring mit einer doppelten Bucht (zweimal unten durch drehen) eingelegt.

Korrekturen

Mängel wie ein schräges Flugbild oder ein Schrägziehen zur Windrichtung trotz Positionierung der Ringe in der Mitte korrigiert man generell an der unteren Waage. Korrigiert wird jeweils auf der Gegenseite, das heisst, zieht der Genki zum Beispiel nach rechts, so verkürzen wir den linken unteren Waageschenkel so lange, bis der Fehler behoben ist.

Der kleine Genki

Auch als Mini-Version macht dieser Drachen viel Spass und bleibt dabei ein guter Flieger.

Dazu verringert man einfach proportional alle Masse bis auf die gewünschte Grösse. Als Querstab sind Glasfaserstäbe von 2 bis 4 mm Durchmesser bestens geeignet. Die dazu passenden Hülsen erhält man im Modellbau-Fachgeschäft. Die Längsstäbe sind aus Ramin- oder Buchenholz von 3 mm Durchmesser.

Statt des doppelten genügt auch ein einfacher Saum, oder noch einfacher wird es, wenn man ganz auf das Säumen verzichtet. Ansonsten bleibt das Vorgehen genau gleich wie bei seinem «grösseren Bruder».

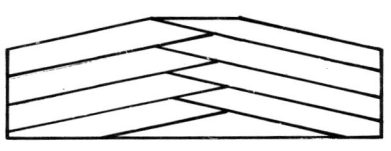

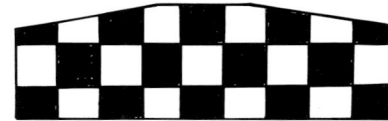
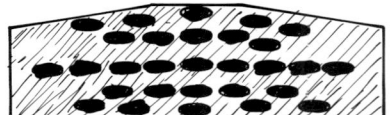
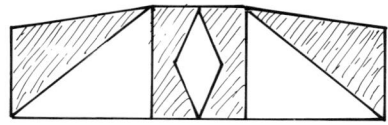

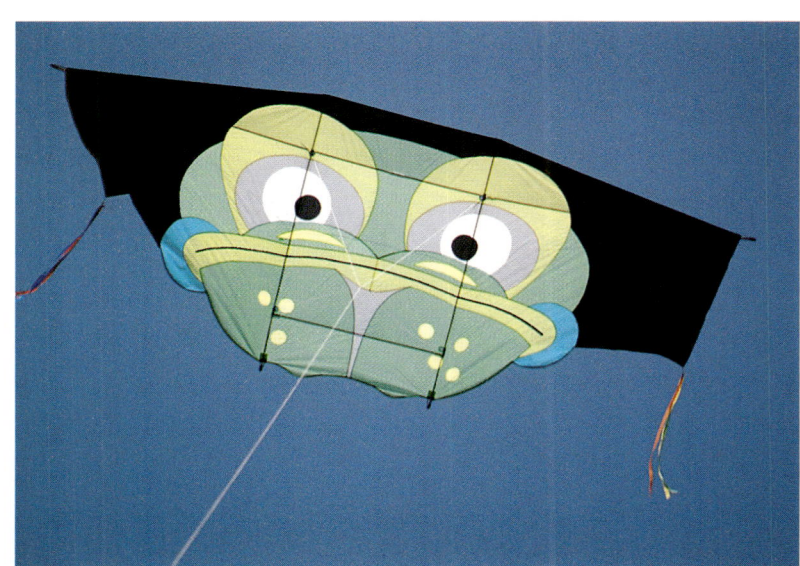

Schwalbe

Unter dem Dach klebt ein graues Nest am Haus. Schwarze Vögel mit leuchtender Kehle und Brust fliegen flink und unermüdlich ein und aus. Die Mehlschwalben sind wieder da, es ist Frühling geworden.

Die Besonderheit dieses kleinen Drachens liegt in dem durch die Segeloberkante geführten dünnen Glasfaserquerstab. Dieser Stab ist in der Mitte geteilt und mit einem speziellen, aber einfach herzustellenden Verbinder zusammengesteckt. Dieser bildet den Flächenwinkel. Bei kräftigeren Winden, so ab zwei bis drei Beaufort, kann der Stab ohne weiteres durchgehend sein. Der Winddruck auf das Segel ist dann genügend gross, um aus eigener Kraft für das richtige Segelprofil zu sorgen.

Die Drachen-Schwalbe ist äusserst gutmütig. Der Flugwinkel ist nicht extrem steil, und der Zug an der Drachenschnur ist kaum zu spüren. Der Drachen ist durch seine Konstruktion kopflastig. Wenn der Wind zu sanft wird, das heisst fast einschläft, segelt die Schwalbe zu Boden, manchmal wie ein kleines Segelflugzeug. Bei Aufwinden im Sommer habe ich mit ihr aber schon die tollsten Sachen erlebt: Segeln und Steigen in der Thermik kann über lange Zeit hin abwechsln, so dass den misslichen Windverhältnissen zum Trotz ein stundenlanges Drachenfliegen möglich ist.

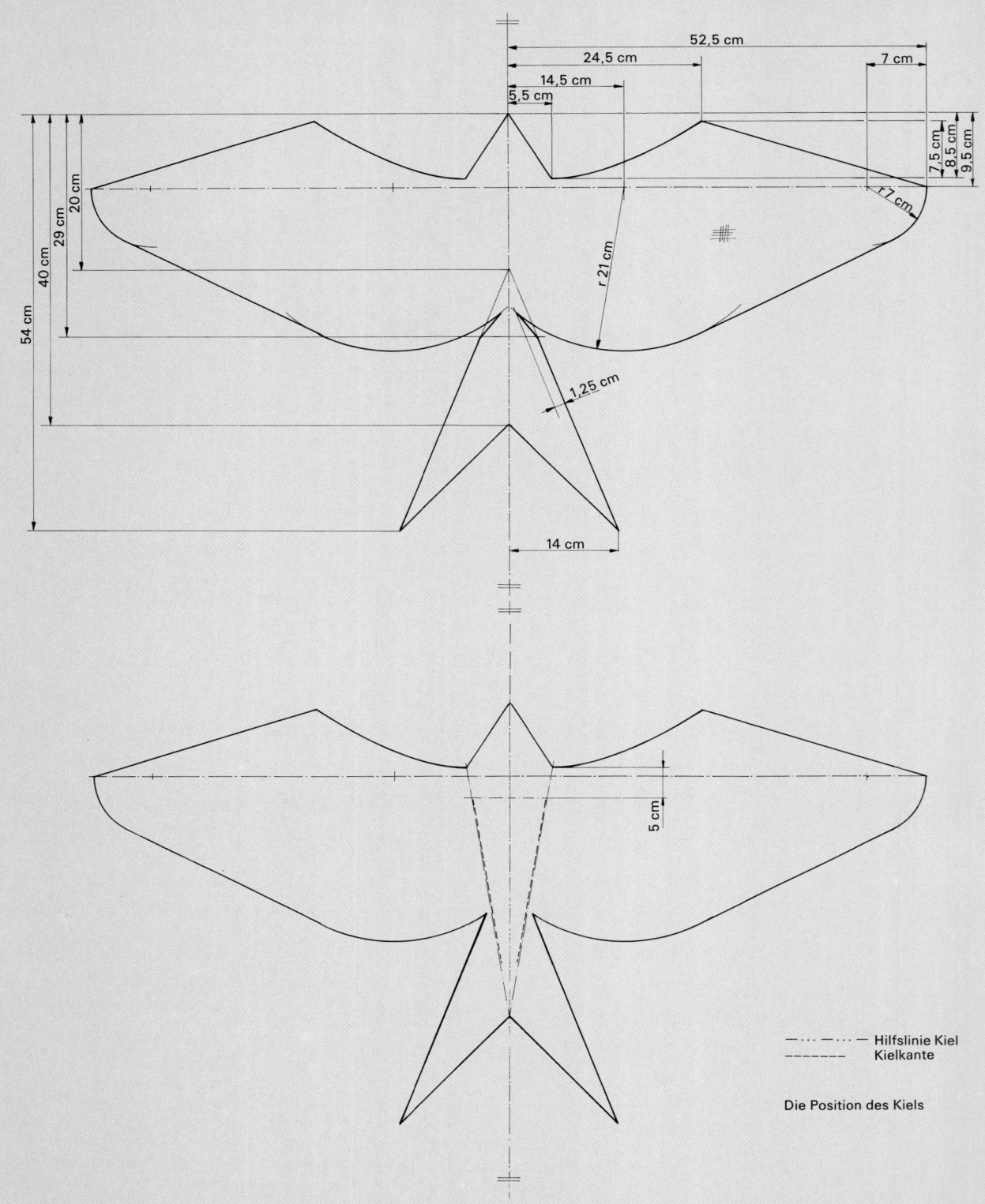

Die Position des Kiels

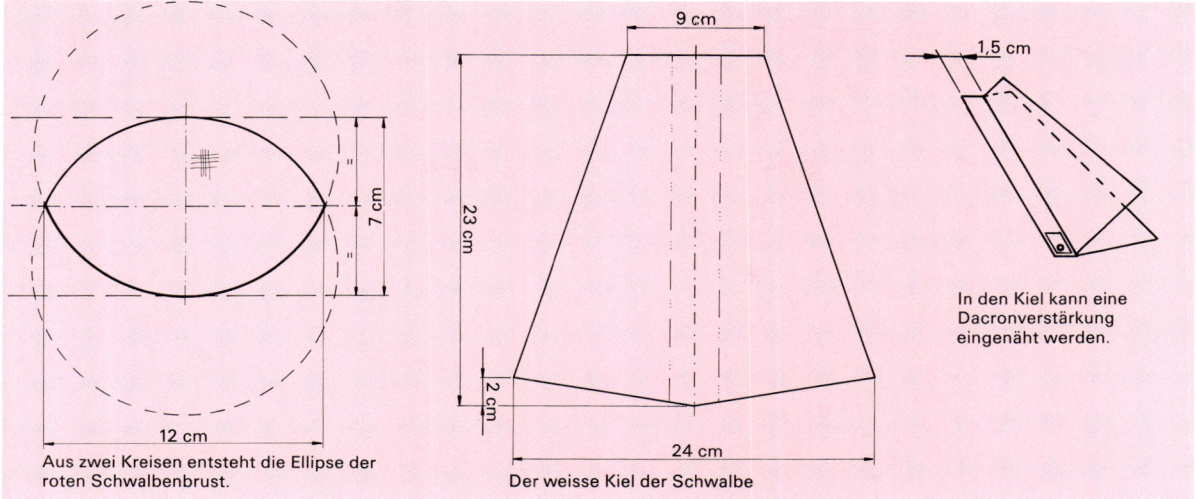

Aus zwei Kreisen entsteht die Ellipse der roten Schwalbenbrust.

Der weisse Kiel der Schwalbe.

In den Kiel kann eine Dacronverstärkung eingenäht werden.

Bauanleitung

Zuschneiden

Kartonschablonen für das Segel, den Kiel und die rote Kehle sind eine unschätzbare Hilfe. Mit ihnen sind die Ripstop-Teile rasch und genau markiert und ausgeschnitten. Wenn Sie in die Schablonen an den Eckpunkten Ihrer Markierungen jeweils ein Loch bohren, können Sie rasch und genau mit einem spitzen Stift die wichtigsten Markierungspunkte anzeichnen, ohne sie erneut vermessen zu müssen.

Zum Ausschneiden der Segelteile nehme ich den Lötkolben und arbeite auf einer Glasplatte. Die Stoffkanten werden dadurch verschmolzen und fransen nicht mehr aus. Für das Zuschneiden der Dacronteile verwende ich immer den Lötkolben, da das Schneiden und zugleich Schmelzen auch bei diesem viel gröber gewobenen Material ein Ausfransen verhindert.

Wenn Ihnen kein farbiges Dacron zur Verfügung steht, können natürlich auch alle Dacronverstärkungsteile aus der gleichen Farbe sein, ich empfehle schwarz oder weiss.

Markieren

Zunächst markieren wir die Hilfslinien für die Stabtaschen an den Flügelkanten sowie links und rechts am Schwalbenschwanz. Dann wird die genaue Position der beiden Schwanzstabtaschen bestimmt. Die Lasche für den Flügelstab, den Vogelschnabel, müssen wir nicht extra markieren, da sich ihre Position von selbst ergibt.

Nähen

Da unsere Schwalbe drei Farben aufweist, sollten wir uns überlegen, mit welcher Fadenfarbe wir nähen. Man kann alle Nähte in einer der

Materialliste

0,6 m² Ripstop 42 g/m², schwarz, für das Segel
0,1 m² Ripstop 42 g/m², weiss, für den Kiel
etwas Ripstop 42 g/m², rot oder pink, für die Kehle
2 Glasfaserstäbe, 2 mm ⌀, ca. 55 cm lang, für den Flügelstab
2 Glasfaserstäbe, 2 mm ⌀, ca. 61 cm lang, für die Schwanzspreizen
1 Holzstab, 3 mm ⌀, ca. 42 cm lang, für den Mittelstab
1 Aluminiumrohr, innen 2 mm ⌀, 6 cm lang, als Flügelstabverbinder
1 Aluminiumrohr, innen 3 mm ⌀, 5 cm lang, als Flügelstabverbinder
2 Endkappen, passend zu den 2-mm-Stäben
1 Stück Dacron, weiss, gelb oder rot, 1,5 × 3,5 cm, für die Schnabel-Stabtasche
3 Stücke Dacron, schwarz, 1,5 × 3,5 cm, für die Stabtaschen
1 Stück Dacron, weiss, 1 × 2,5 cm, für die Haltepunktverstärkung
10 cm geflochtene Schnur, ca. 35 kp Reisskraft, für die Schnurschlaufe

drei Farben ausführen oder, was etwas aufwendiger, aber dafür auch um so schöner ist, den Faden der jeweiligen Stoffarbe anpassen. Dies bedeutet, dass Sie Unterfaden und Oberfaden jeweils auswechseln müssen.

Den Anfang machen wir mit den beiden Stabtaschen am Schwalbenschwanz. Wir legen die Aussenkante jeweils bis zu den Markierungen um und nähen, nachdem wir die Schwanzspitze zu einer Tasche eingeschlagen haben, die Stabtasche für die Spreizstäbe mit einem möglichst weiten Stich zu. Das kleine Dacronstück dient als zusätz-

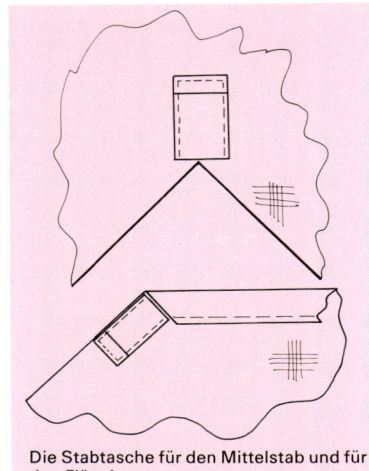

Die Stabtasche für den Mittelstab und für den Flügel

liche Verstärkung und kann auch weggelassen oder aber später noch angebracht werden.

Dann nähen wir ebenso die Stabtaschen der Flügel. Auch diese werden am Flügelende durch Umlegen verschlossen.

Die Führungstasche für den Flügelstab wird zunächst so abgenäht, dass der Verbinder gut darin Platz findet. Daraufhin wird sie so über die Drachenspitze geschoben, dass der eine Teil an der Spitze auf die Vorderseite und der andere auf die Segelrückseite zu liegen kommt. Man sieht die Tasche demnach von oben wie von unten.

Die oberen Schwanzstabtaschen werden genau auf die Segelkanten genäht. Sie dürfen jedoch die Stabtaschen im Segel nicht verschliessen und sollten auch nicht über das Segel hinausragen.

Nun wird auf die Vorderseite des Segels die rote Kehle der Schwalbe aufgenäht. Ein Zickzackstich eignet sich dafür am besten. Achten Sie jedoch darauf, das Ihr Stich nicht zu eng ist, um den Stoff durch die Perforierung nicht allzusehr zu schwä-

chen. Die Kehle sollte, ohne dass wir viel messen, schön in der Mitte oberhalb des Kiels liegen.

Wenn wir die Kehle aufgenäht haben, trennen wir von hinten vorsichtig das schwarze Ripstop weg. Dazu schneiden wir mit einer kleinen Fadenschere nahe der Naht entlang. Am besten geht dies, wenn die Schere den Stoff durch einfaches Stossen schneidet, ohne dass wir eine Schneidebewegung machen müssen.

Der Kiel wird nicht gesäumt. Die 1,5 cm breite Kielkante wird entlang der Hilfslinie vernäht. Gleichzeitig mit der Naht für die Kielkante wird eine Haltepunktverstärkung aus Dacron mit eingenäht. Die Verstärkung wird mit der Schere auf die benötigte Form zugeschnitten.

Mit einer feinen Lötkolbenspitze oder einem angewärmten dünnen Nagel brennen wir ein Loch in die

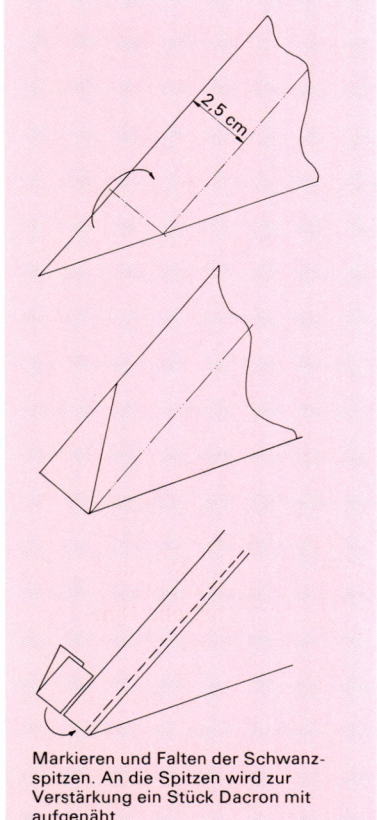

Markieren und Falten der Schwanzspitzen. An die Spitzen wird zur Verstärkung ein Stück Dacron mit aufgenäht.

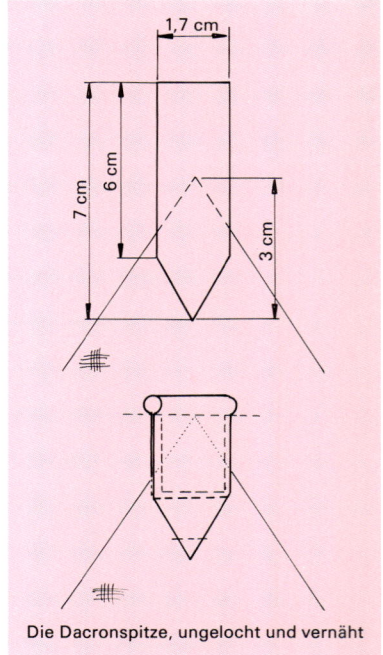

Die Dacronspitze, ungelocht und vernäht

verstärkte Kielkante (notfalls mit einer Lochzange knipsen). Durch dieses Loch fädeln wir unser Schnurstück und verknoten es. Die Schlaufe sollte nicht grösser als höchstens 3 cm sein. Sie dient uns zum einfacheren Einhängen der Flugschnur.

Auf der Vorderseite des Schwalbensegels markieren wir zwei Hilfslinien. Diese führen vom Schnittpunkt der Kopf-Flügelkante zur Schwanzspitze. Die Kante des jeweiligen Kiels wird an die entsprechende Hilfslinie angelegt. Der Kiel wird mit einer grossen Stichlänge etwa 2 mm vom Rand festgenäht. Für die andere Seite ebenso vorgehen.

Einpassen der Stäbe

Für den Verbinder werden die beiden Aluminium- oder Messingröhrchen nach dem Zuschneiden ineinandergestossen und mit wenig Sekundenkleber fixiert.

Der Verbinder wird auf zwei Widerlager, z.B. zwei Hartholzstückchen, gelegt. Genau in der Mitte des Verbinders schlägt man mit einem leichten Hammer mit Hilfe eines

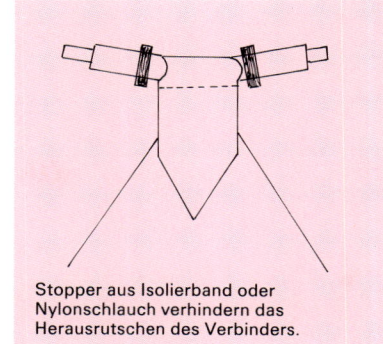

Stopper aus Isolierband oder Nylonschlauch verhindern das Herausrutschen des Verbinders.

Flachmeissels oder eines breiten Schraubenziehers eine Kerbe. Dort wird der Verbinder in einem Winkel von etwa 160 Grad gekrümmt. Arbeiten Sie vorsichtig! Solch feine Röhrchen brechen leicht, vor allem dann, wenn man sie zurückbiegen muss.

Nachdem der Verbinder in das Nasenstück gesteckt wurde, bringen wir mit einem etwa 5 mm breiten Streifen Isolierband auf beiden Seiten einen Stopper auf. Dank diesem Stopper kann unser Verbinder nicht herausfallen.

Bei Winden über 3 Beaufort genügt ein durchgehender GFK-Stab völlig, denn der Wind drückt dann das Segel von alleine in die gewünschte Form, der Verbinder erübrigt sich.

Für unsere Leichtwindschwalbe brauchen wir 2-mm-Glasfaserstäbe, bei kräftigeren Winden kann man auch mit 3-mm-Stäben arbeiten.

Wir beginnen mit dem Einpassen des hölzernen Mittelstabs. Wie immer sollen die Stäbe satt eingepasst werden, ohne das Segel zu überspannen. Dann werden die beiden Flügelstäbe eingepasst. Sie werden einfach nur eingesteckt. Beide Stäbe sollten gleich lang sein. Sind die Stäbe länger als die minimal benötigte Länge, so biegen sie das Flügelprofil vor. Ich empfehle Ihnen, die normale Länge (Konstruktionslinie) plus 1 cm zu verwenden.

Tip: Probieren Sie das Flugverhalten bei verschiedenen Winden mit verschiedenen Stablängen aus.

Zum Abschluss werden noch die beiden Schwanzspreizen eingepasst. Sie sind leicht gebogen, so dass der Körper immer aufgespannt bleibt.

Nun bleibt nichts anderes mehr zu tun, als eine leichte Flugschnur (5 bis 15 kp) mit einem Wirbel in die Schnurschlaufe einzuhängen. Wenn der Wind ausreicht, fliegt die Schwalbe auf Anhieb.

Korrekturen

Wenn kein grober Fehler die Symmetrie des Drachensegels stört, gibt es nichts zu korrigieren. Macht die Schwalbe dennoch Kapriolen, müssen Sie zunächst alle Dimensionen genau ausmessen, um den Fehler aufzuspüren.

Ich selbst hatte noch nie irgendwelche grösseren Flugprobleme mit den Schwalben. Ich sage absichtlich «den Schwalben», denn bekanntlich macht eine Schwalbe noch keinen Sommer...

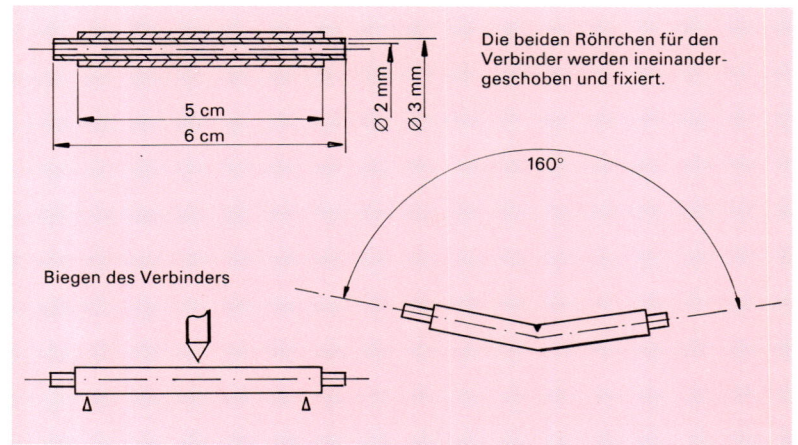

Die beiden Röhrchen für den Verbinder werden ineinandergeschoben und fixiert.

Biegen des Verbinders

Die Vogelkette

In einem bereits etwas älteren chinesischen Buch über Drachen fand ich vor Jahren ein Bild von einem Vogelschwarm. Die Kette war aus lauter kleinen chinesischen Schwalben gebaut worden. Der Wunsch, auch einmal so eine Kette zu konstruieren, hat mich seither nicht mehr losgelassen. Einige Jahre später sah ich nochmals eine Vogelkette, diesmal von einem Japaner gebaut, hoch oben, schon fast in den Wolken. Das Spiel von Wind, Farbe und Bewegung war ein überwältigender Eindruck! Keinen Moment verharren die Drachenvögel in derselben Position und geben so ein äusserst lebendiges Flugbild ab.

In einem Vogelkundebuch suchte ich nach einer geeigneten Silhouette, und dann begann eine lange Entwicklungsarbeit. Die einzelnen Vögel sind kleine Delta-Drachen. Ihre Konstruktion ist halbflexibel aufgebaut. Die Flügel sind das tragende und gleichzeitig auch das stabilisierende Element. Der offene Kiel trägt sehr viel zur Flugtauglichkeit der einzelnen Drachen bei. Durch die vorne mit der grossen Öffnung eingefangene Luft, welche hinten durch die kleinere Öffnung wieder austritt, wird eine Art Staudruck erzeugt. Dieser Luftstrom erhöht die Stabilität des Drachens im Flug. Die einzelnen Vögel sind auch besonders gut geeignete Einzeldrachen für Kinder. Die Vogeldrachenkette ist besonders für sanfte bis leichte Winde geeignet. Sie fliegt bereits bei gleichmässigen Winden ab 1,5 Stundenkilometer.

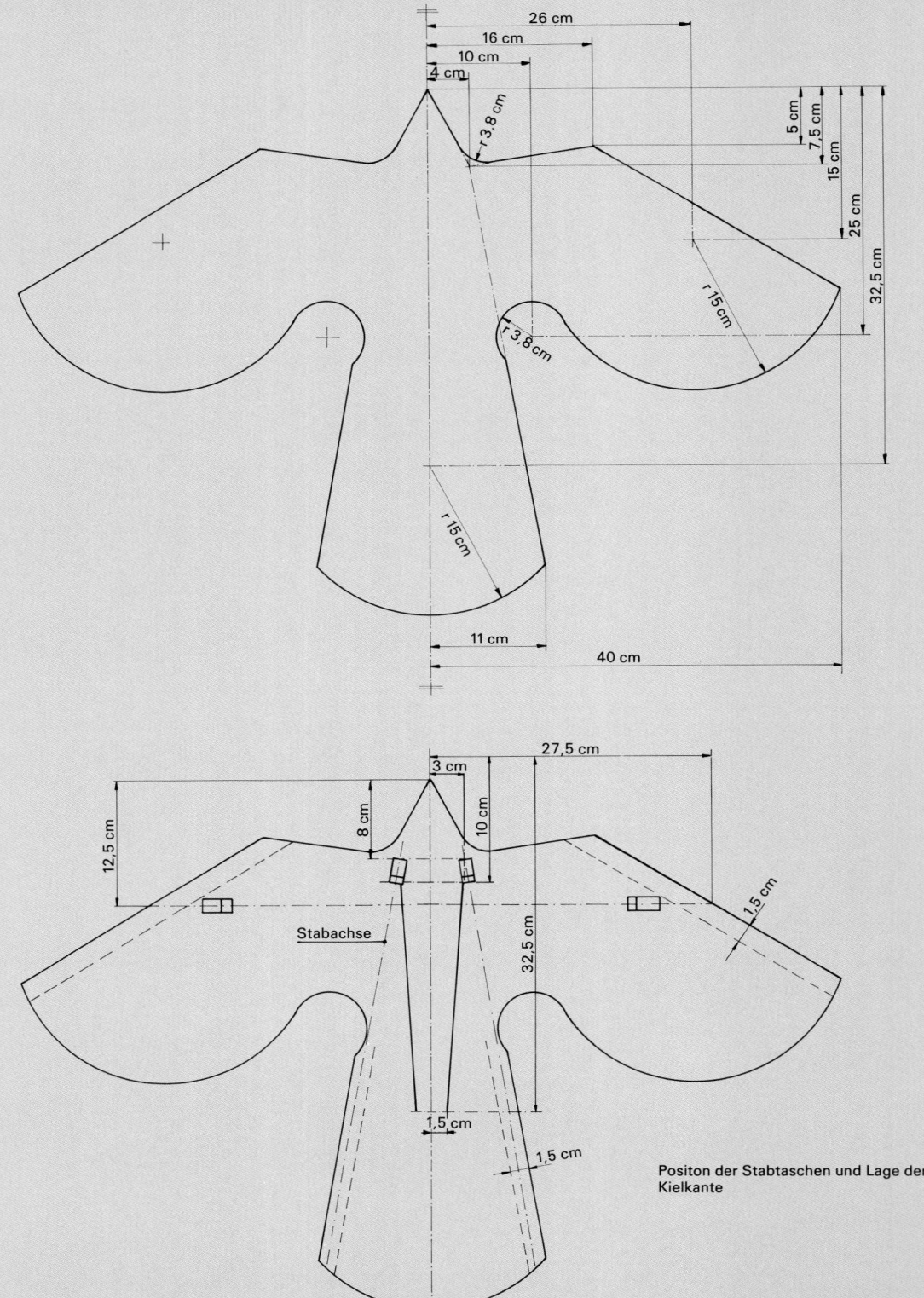

Position der Stabtaschen und Lage der Kielkante

Bauanleitung

Zuschneiden

Für den Bau einer Kette lässt sich die Arbeit rationalisieren, indem man jeweils einen Arbeitsschritt für alle Drachen zugleich ausführt.

Wir erstellen zuerst die Schablonen für das Segel und den Kiel und schneiden die entsprechenden Teile zu. Dann schneiden wir die Haltelasche für den Querstab und die beiden Stabrückhaltelaschen aus Ripstop sowie die vier Stabtaschen und die Haltepunktverstärkung aus Dacron zu.

Tip: Damit die Vögel möglichst leicht bleiben, verzichten wir auf das allgemein angewendete doppelte Umlegen der Taschen. Auch die Drachensegel erhalten aus diesem Grund keinen Saum.

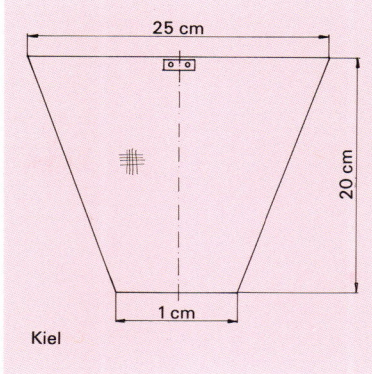

Kiel

Nähen

Zuerst wird die genaue Position der Nähte, der Stabtaschen und der Verstärkungen angezeichnet. Alle Markierungen, bis auf die der Kielnaht, werden auf der Segelrückseite angebracht.

Tip: Dazu verwenden wir entweder einen weichen Bleistift, damit wir am fertigen Drachen noch sichtbare Hilfslinien später wieder durch Radieren entfernen können, oder wir benutzen einen Phantomstift. Am einfachsten lassen sich die Hilfslinien für die Taschen der Stabführungen an den Flügelkanten und für die Schwanzspreizen mit Hilfe einer 1,5 cm breiten Schiene anzeichnen. Die Position der Stabtaschen legen wir entweder durch Ausmessen oder mit Hilfe der Schablone fest. Die Lasche für den Querstab liegt auf dem Schnittpunkt von Längs- und Querstab.

Wir beginnen mit der Mittelnaht. Dazu legen wir das Segel zur Hälfte zusammen, die Segelaussenseite nach innen. Mit wenigen Stecknadeln kann man das Segel vor dem Verrutschen während des Nähens sichern. Um eine Art Tasche für den Mittelholm zu erhalten, klappen wir anschliessend die Spitze nach innen, und zwar weit genug, damit sie mitgenäht wird.

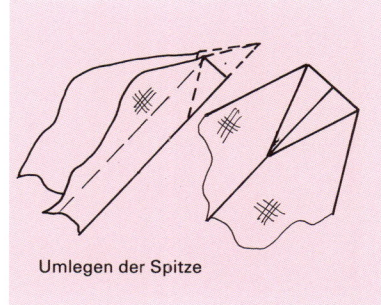

Umlegen der Spitze

Nun nähen wir 5 mm von der Kante entfernt bis kurz vor den Punkt, an welchem die Lasche für den Querstab befestigt wird. Wir schieben die Lasche über das Segel, so dass sie etwa 5 mm vorsteht, und nähen sie fest, indem wir zwei- bis dreimal hin- und herfahren. Die Naht bis

Materialliste

Einzel-Drachen	12er-Kette	
0,4 m²	4,8 m²	Ripstop 42 g/m² (Farben nach Wahl)
2	24	Raminholzstäbe, 3 mm ⌀, 260 cm lang, für die Flügelkanten
2	24	Raminholzstäbe, 3 mm ⌀, 365 cm lang, für die Schwanzspreizen
2	12	Raminholzstäbe, 3 mm ⌀, 455 cm lang, für den Mittelholm
1	12	Glasfaser- oder Kohlefaserstäbe, 3 mm ⌀, 5,5 cm lang, für den Querstab
5	60	Stücke Dacron, 1,5 × 3,5 cm, für die 4 Stabtaschen und die Haltepunktverstärkung am Kiel
	6 Stück	Schnur, 15 kp, 760 cm lang, für die obere Hauptschnur
	6 Stück	Schnur, 25 kp, 760 cm lang, für die untere Hauptschnur
	12	T-Wirbel, passend zur Schnurfestigkeit
	12 Stück	Schnur, ca. 5 kp, 7 m lang
	25	Wirbel, passend zur Schnurfestigkeit

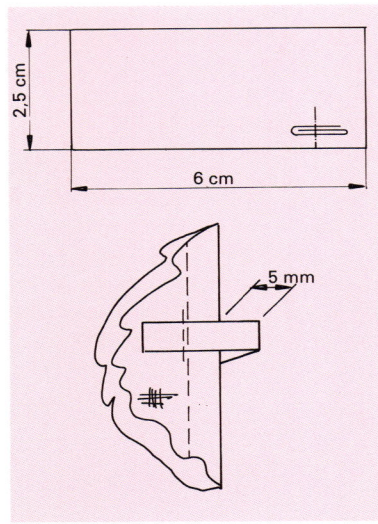

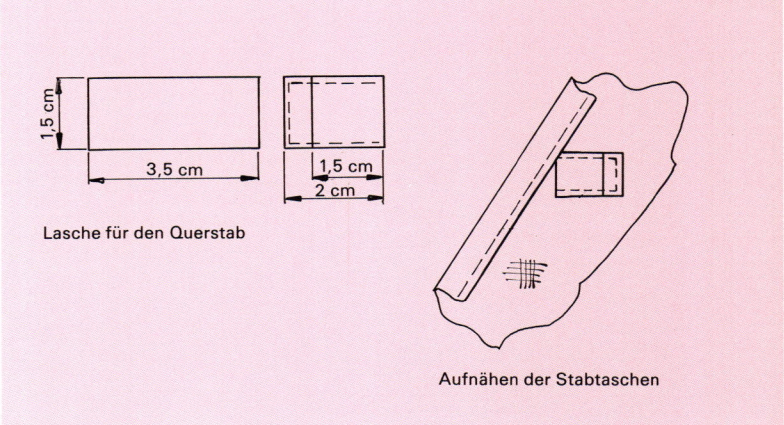

Lasche für den Querstab

Aufnähen der Stabtaschen

6 cm vor der Unterkante führen. Dann drehen wir den Drachen um und nähen die Mittelnaht erneut von unten her ab, wie oben beschrieben, diesmal aber nur 1–2 cm weit. So erhalten wir eine Öffnung, durch die wir später den Mittelstab leicht einsetzen können.

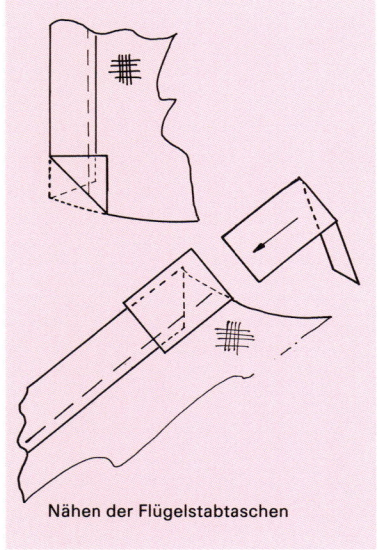

Nähen der Flügelstabtaschen

Als nächstes die beiden Flügelstabtaschen nähen. Diese sind nur unten geschlossen. Oben werden sie mit einer Art Kappe überdeckt, welche den Stab vor dem Herausrutschen sichert (unten links). Die Kante wird einfach bis zur Markierungslinie umgelegt und festgenäht. Die Naht liegt auch hier maximal 2–3 mm von der Stoffkante entfernt. Zum Aufnähen der Stabtaschen aus Dacron verringern wir die Fadenstichweite auf 2 mm. Wie die Dacron-Taschen aufgenäht werden, ist aus der Zeichnung zu entnehmen. Die beiden Taschen für den Querstab sind absichtlich nicht über den Querstab genäht. Dieser bleibt dadurch beweglicher und kann den Drachen im Flug besser steuern.
Als nächstes wird die Haltepunktverstärkung auf die Kielinnenseite aufgenäht.
Schliesslich wird noch der Kiel aufgenäht. Wir schieben die linke Kielkante von rechts genau an die linke Kielnahtmarkierung und nähen ihn dann 2 mm vom Rand fest. Die rechte Kielflanke schieben wir dann von links an die andere, eingezeichnete Nahtlinie und nähen sie gleichfalls an.

Einpassen der Stäbe und Fertigstellen

Alle Kanten der Stäbe sollten sorgfältig abgerundet und nicht angespitzt sein, damit sie den Stoff nicht durchstossen können. Die paarweisen Stäbe der Flügelkanten und Schwanzspreizen müssen wegen der Gewichtsverteilung gleich lang sein. Sie werden passgenau eingesetzt, ohne zu spannen.
Am Schluss setzen wir den Querstab ein. Auch er wird an allen Kanten gerundet. Wir verzichten auf Endkappen, bestreichen jedoch die Enden mit etwas Sekundenkleber. Dadurch mindern wir das Ausfransen und Einreissen der Fasern.
Mit einer feinen Lötkolbenspitze schmelzen wir vorsichtig in genau gleichem Abstand zur Mitte zwei Löcher in die Haltepunktverstärkung am Kiel. Durch diese Löcher fädeln wir die Dacronschnur und verknoten sie so, dass eine Schlaufe von etwa 2 cm entsteht. Der Knoten kommt innen am Kiel zu liegen. Die überschüssige Schnur schneiden wir ab und schmelzen die Kanten an.

Korrekturen

Wenn alle Masse eingehalten worden sind, steigt der kleine Vogel an einer leichten Schur ohne jede Korrektur geradewegs in die Höhe. Zieht er jedoch nach links oder rechts weg, so liegt irgendwo, meist in der Positionierung der Nähte, ein kleiner Fehler vor. Am einfachsten können wir diese Fehler korrigieren, indem wir an der entgegengesetzten Seite den Kiel an der Vorderkante 1 bis 2 mm umlegen und einnähen. Dies geschieht mit wenigen Stichen von Hand. So lässt sich auch die Korrektur wieder korrigieren!

Hauptleine und Nebenschnüre für eine Zwölferkette

Die dünnere Schnur ist für den oberen Drachenkettenteil der Hauptleine, die stärkere für den unteren Teil gedacht. Alle Schnüre werden gespleisst, wodurch die Tragkraft bedeutend höher ist, als wenn wir mit Knoten arbeiten.

Wir beginnen mit einem normalen Wirbel. In diesen wird später der oberste Drachen, der Leitdrachen, eingehängt. Darauf folgen die fünf T-Wirbel für die obere Drachenhälfte. Für die untere Hälfte verwenden wir die stärkeren T-Wirbel und die festere Drachenschnur.

Die Nebenschnüre sind einen halben Meter kürzer als die Abstände von Wirbel zu Wirbel in der Hauptleine. Wir schneiden 12 Stück dünne Schnur von einer Länge von je 7 Metern zu. An beiden Enden der Schnur spleissen wir einen leichten kleinen Wirbel ein. An diesen Wirbeln wird einerseits der Drachen angehängt, andererseits die einzelnen Drachen mit der Hauptleine verbunden.

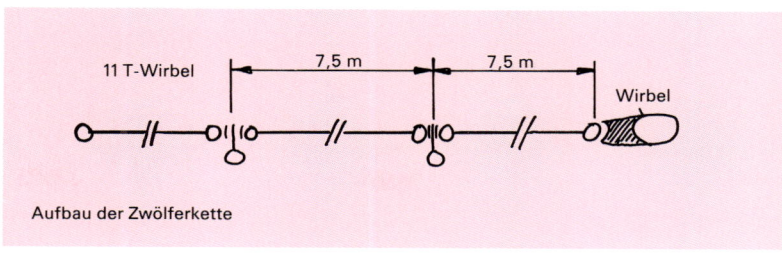

Aufbau der Zwölferkette

Zum Aufwickeln der Hauptschnur verwendet man am besten eine Haspel. Für die Nebenschnüre schneiden wir je ein Stück Karton zu (siehe unten), um welchen wir die Schnüre aufwickeln können. In der Kerbe klemmen wir Anfang und Ende der Schnur ein.

Karton zum Aufwickeln der Nebenschnüre

Drachentasche

Am einfachsten ist der Transport, wenn die Drachen aufgebaut bleiben. Ich habe mir deshalb eine einfache Tasche mit Henkel genäht, die oben mit einem Textilverschluss geschlossen wird. Zwölf Drachen sowie etwas Ersatzmaterial finden darin bequem Platz.

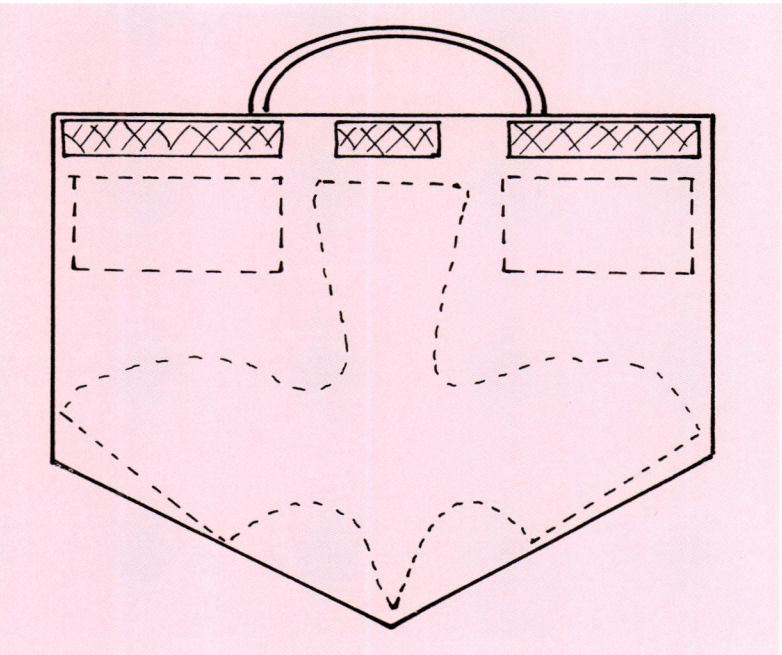

Edo

Edo ist der alte Name der japanischen Hauptstadt Tokio, der Heimat des Edo-Dako. In den Sommermonaten bläst auch heute noch ein recht kräftiger Wind in dieser Region. Damit die Drachen den enormen Winddruck auszuhalten vermochten, ersann man die für diesen Drachen typische lange, siebzehnschenklige Waage. Steht der Edo am Himmel, und das Licht des Tages bricht sich in der Vielzahl der Waageschnüre, dann scheint es, als fliesse ein kleines Stück Himmel zur Erde.
In klassischer Art aus Papier und Bambus kann dieser Drachen recht gross gebaut werden; bei der Anwendung von Ripstop sind aufgrund der Materialdehnung Grenzen gesetzt. Natürlich kann man ohne weiteres mehr Stäbe als die traditionellen drei Längs- und fünf Querstäbe einsetzen, allerdings handelt es sich dann nicht mehr um einen Edo, sondern einfach einen Drachen aus der Familie der Dako. Im alten Japan zierte oftmals der Kopf eines berühmten Samurai die eher einfache rechteckige Form des Edo. Solcherart verzierte Drachen durften nur durch Mitglieder der Kriegerkaste geflogen werden. Alle anderen Bürger wählten als Motiv ihr Wappen oder ein für sie bedeutungsvolles Symbol oder Schriftzeichen.
Der Edo ist in der Grösse unseres Bauplans ein mächtiger Drachen. Die Fertigung des Drachensegels, aber auch das Einstellen des Gestänges und der Waage brauchen ihre Zeit. Je länger die Waage, desto erhabener die Schönheit dieses Drachens im Flug. Unsere Waage hat eine Länge von 25 Metern, sie darf aber ruhig 50 Meter oder noch länger sein. Es gibt Edos, die mit einer hundert oder gar zweihundert Meter langen Waage fliegen. Anfangs braucht man für den Start und die Landung noch helfende Hände, doch mit wachsender Erfahrung geht es meistens auch allein.
Das Gerüst ist so fein wie möglich gehalten. Die meisten Verbindungen müssen nur gesteckt werden, so dass der Auf- und Abbau einfach und rasch vor sich geht. Die Ausführung erlaubt, mit dem gleichen Gerüst und der gleichen Waage auch rasch ein zweites oder drittes Segel zu montieren.

Materialliste

Für das Drachensegel

Ripstop 42–60 g/m², 200 × 125 cm, für das Segel
4 Dacron-Eckverstärkungen, 5 × 5 cm
12 Stabverstärkungen aus Dacron, trapezförmig
9 Waagepunktverstärkungen aus Dacron
20 Ripstop-Bänder, 2,7 cm breit, 14 cm lang
2 Dacron-Stabtaschen, 2,5 cm × 7 cm
ca. 7 m Saum- und Nahtband, 7 oder 9 mm breit, am besten kreuzgewoben
21 D-Ringe aus Aluminium, innen 9 mm ⌀
3 O-Ringe aus Aluminium, innen 9 mm ⌀
6 O-Ringe aus Aluminium, innen 14 mm ⌀
6 Kohlefaserrohre, 6 mm ⌀, 1 m lang, für die Längsstäbe
3 Verbinder, innen 6 mm ⌀, für die Längsstäbe
13 Schlauchstücke, so dickwandig wie möglich, innen 6 mm ⌀, 1 cm lang
3 Endkappen, innen 6 mm ⌀, für die Längsstäbe
12 Stücke Schrumpfschlauch, 5 cm lang
13 Splittkappen, innen 6 mm ⌀, für die Längs- und Querstäbe
5 Glasfaserrohre, 6 mm ⌀ (blau), ca. 124 cm lang
1 Glasfaser- oder Kohlefaserstab, 4 mm ⌀, ca. 120 cm lang
2 Endkappen, 4 mm ⌀
3 Schlauchstücke, innen 12 mm ⌀, 5 mm breit
4 Glasfaserrohre, 8 mm ⌀ (grau), mindestens 120 cm lang, als Diagonalstäbe
2 Verbinder, innen 8 mm ⌀, für die Diagonalstäbe
4 Splittkappen, innen 8 mm ⌀, für die Diagonalstäbe
25 Holzperlen mit einer Bohrung von 2–3 mm, für die Segelspannung
25 Schnüre, ca. 60 kp, 30 cm lang, für die Segelspannung

Waage

9 Messingösen, innen 8 mm ⌀, für die Waagepunkte
9 Schlauchstücke, innen 8 mm ⌀, <2 mm dick
5 Schnüre, 45–60 kp, 60 cm lang, zum Spannen
4 Schnüre, 45–60 kp, 15 cm lang
9 O-Ringe, innen 6 mm ⌀
9 Unterlagsscheiben aus Messing, innen 4 mm ⌀, aussen ca. 12 mm ⌀
9 Schlauchstücke, innen 2 mm ⌀, 4 mm lang

17 Schnüre, 35–60 kp, mindestens 25 m lang
17 Karabiner ohne Wirbelteil
5 O-Ringe aus Aluminium, innen 14 mm ⌀

Verbundwaage

3 Schnüre, rot, 60–90 kp, ca. 2 mm ⌀, 2 m lang
2 O-Ringe aus Aluminium, innen 17 mm ⌀
2 Schnüre, blau, 60–90 kp, ca. 2 mm ⌀, 2 m lang
1 Schnur, rot, 90–120 kp, ca. 3 mm ⌀, 2 m lang
1 Schnur, blau, 90–120 kp, ca. 3 mm ⌀, 2 m lang
1 O-Ring aus Aluminium, innen 21 mm ⌀

Unari

4 Verbindungshülsen aus Messing oder Kupfer, innen 6 mm ⌀, 6 cm lang
2 Schlauchstücke, innen 6 mm ⌀, 1 cm lang
2 Glasfaserrohre, 6 mm ⌀, 50 cm lang
4 Holzstücke, passend zum Innendurchmesser der GFK-Stäbe, ca. 5 cm lang
2 Schlauchstücke, innen 6 mm ⌀, 1 cm lang
1 Summerband, 230 cm lang

Bauplan

Zuschneiden

Beim Zuschneiden des Segels ist darauf zu achten, dass die Segelaussenkanten genau im rechten Winkel (90 Grad) sind. Dadurch wird verhindert, dass das Segel, wenn es später auf das Gerüst gespannt wird, Falten wirft. Damit sich das Segel nicht zu stark verzieht, ist auch auf den Fadenlauf zu achten.

Für das Zuschneiden der Verstärkungen aus Dacron erstellen wir am besten Schablonen. Die vier Eck-, die zwölf Stabverstärkungen und die neun Waagepunktverstärkungen sollten nach Möglichkeit mit dem Lötkolben zugeschnitten werden.

Die Bänder für die Laschen werden in der entsprechenden Breite als möglichst lange Streifen zugeschnitten, dreifach gelegt und abgenäht. Erst dann schneiden wir daraus zwanzig Bänder von vorerst einem einheitlichen Mass von je 14 cm Länge. Später wird die Länge der Laschen den jeweiligen Anforderungen angepasst.

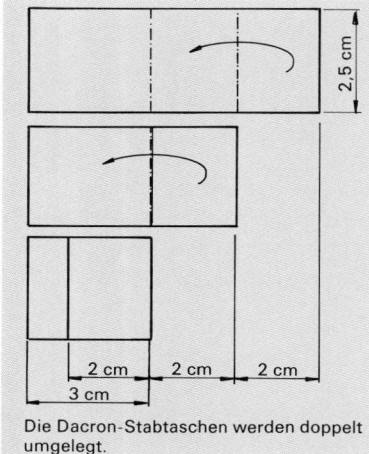

Die Dacron-Stabtaschen werden doppelt umgelegt.

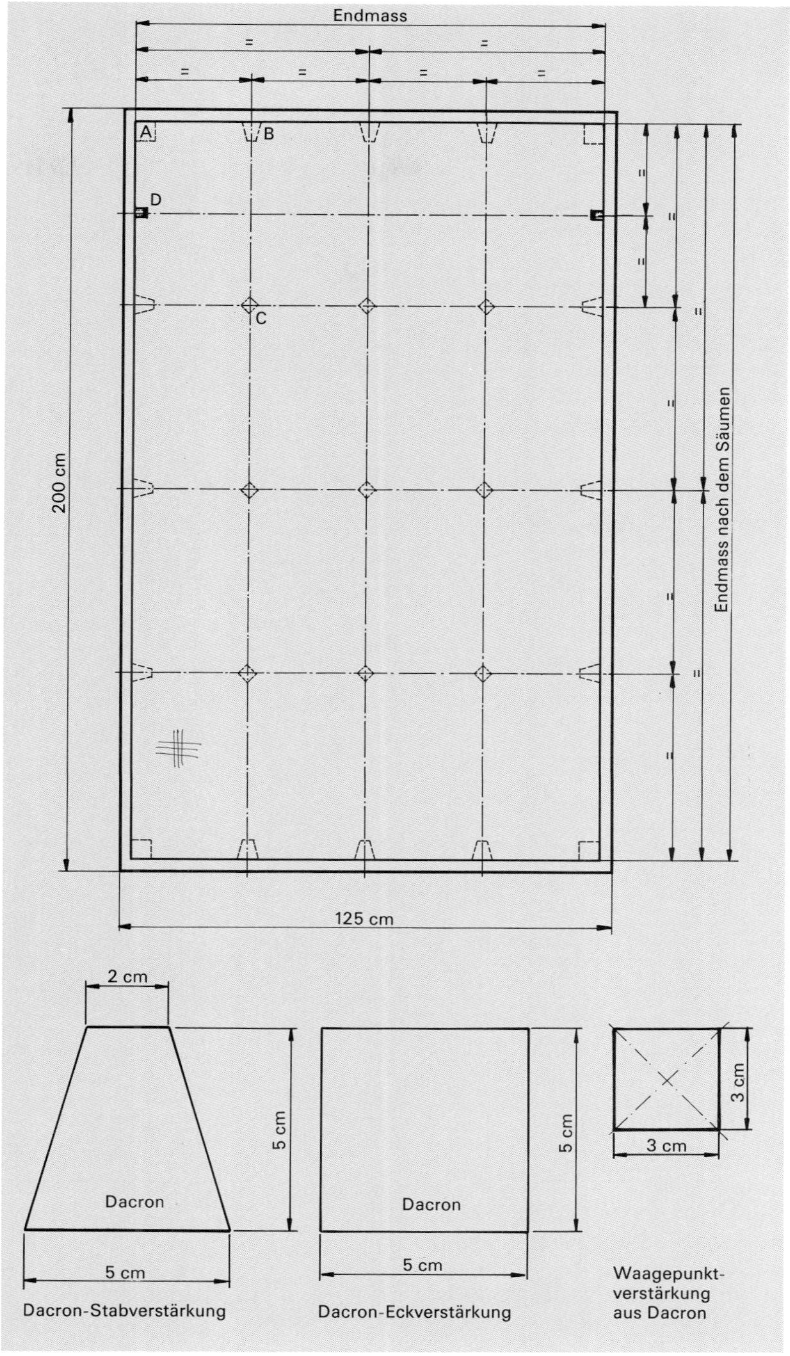

Nähen

Das ganze Segel erhält einen doppelt umgelegten und zweifach abgenähten Saum von 7 bis 10 mm Breite, am besten mit eingelegter Verstärkung. Diese Randverstärkung ist sehr wichtig, denn die Kräfte, die durch Vorspannung und Winddruck auf dem Segel lasten, werden auf die Kanten abgeleitet. Wir passen die Saumbreite dem Band an. Im Handel sind Saumbänder von 7 oder 9 mm Breite erhältlich. Am besten eignen sich kreuzgewobene Bänder. Den gleichen Zweck kann auch eine Schnur, die sich breit drücken lässt, oder notfalls ein breites Schuhband

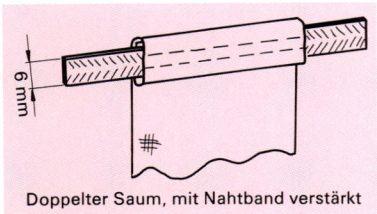

Doppelter Saum, mit Nahtband verstärkt

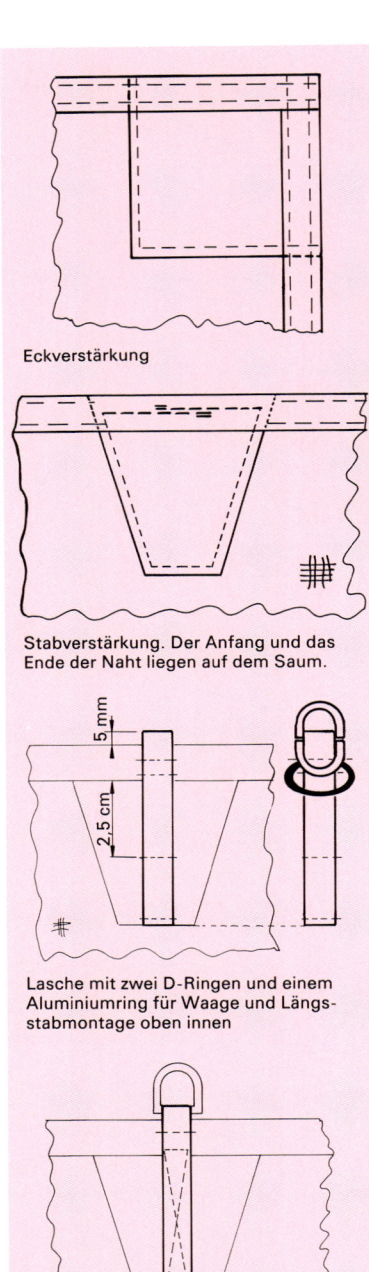

Eckverstärkung

Stabverstärkung. Der Anfang und das Ende der Naht liegen auf dem Saum.

Lasche mit zwei D-Ringen und einem Aluminiumring für Waage und Längsstabmontage oben innen

Lasche für die Stabhalterungen auf der linken und rechten Seite

(Meterware) erfüllen. Wenn wir keine Verstärkung einnähen, machen wir den Saum mindestens 1 cm breit.

Die Dacronverstärkungen werden an den dafür vorgesehenen und markierten Stellen unter den Saum geschoben und direkt vernäht. In einem weiteren Schritt wird das Dacron der Kontur entlang aufgenäht. Die Naht soll 2 bis 4 mm von der Kante zu liegen kommen.

Danach nähen wir die beiden Dacron-Stabtaschen an die dafür vorgesehenen Positionen.

Als letztes nähen wir die je nach Funktion verschieden ausgeführten Laschen. Die Laschen müssen genau an den dafür vorgesehenen Stellen aufgenäht werden. Den Anfang machen wir mit den drei La-

schen auf der Innenseite oben, die zusammen mit je 2 D-Ringen von 9 mm Durchmesser (Waage- und Längsstabmontage) und einem Aluminiumring von 14 mm Durchmesser (Querstabhalterung) angebracht werden. Die beiden D-Ringe stehen knapp (ca. 5 mm) über der Saumkante, gerade soviel, dass Sie sie doppelt auf dem Saum festnähen können. Als nächstes legen wir den Aluminium-O-Ring zwischen die beiden Schlaufenbänder und nähen diese etwa 2,5 cm von der Kante fest. Dann schneiden wir das untere Ende in der Länge der Dacronverstärkung ab, schlagen das obere Ende unter und nähen die Lasche dort nochmals fest.

Die je drei Laschen an der linken und rechten Seite benötigen nur je einen Aluminium-D-Ring von 9 mm Durchmesser. Auch hier steht die Lasche nur soviel (ca. 5 mm) über die Kante hinaus, wie wir benötigen, um sie auf den Saum zu nähen. Das untere Band der beiden wird wiederum in der Länge der Dacronverstärkung abgeschnitten. Das obere, längere wird unter das untere Ende geschlagen und am besten in Kreuzform vernäht.

Die drei inneren Laschen an der Segelunterkante haben drei Funktionen zu erfüllen: Sie dienen als Waageanknüpfungspunkt, zum Spannen des Segels und als Halterung für uer- und Längsstab. Wir benötigen neben der vorbereiteten Lasche je einen D-Ring von 9 mm, einen Alu- oder Schlüsselring, ebenfalls von 9 mm, und einen Alu-Ring von 14 mm Durchmesser. Auf die zur Hälfte geschlagene Schlaufe schieben wir den D-Ring für die Waage und nähen diesen fest. Dann schieben wir zuerst den kleinen 9-mm-

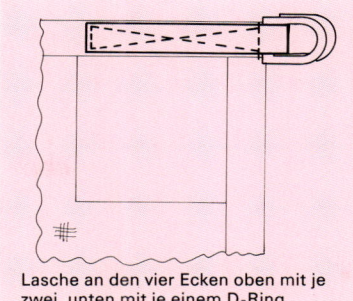

Lasche an den vier Ecken oben mit je zwei, unten mit je einem D-Ring

sche, die zur Drachenschmalseite weist, befestigen wir oben zwei D-Ringe (19 mm), unten einen. Der eine ist für die Querstabhalterung, der zweite, zusätzliche Ring für die Waage vorgesehen.

Darüber nähen wir oben und unten eine zweite Lasche, die durch Drehung des Bandes eine Schlaufe bildet. Dadurch erreicht man, dass die

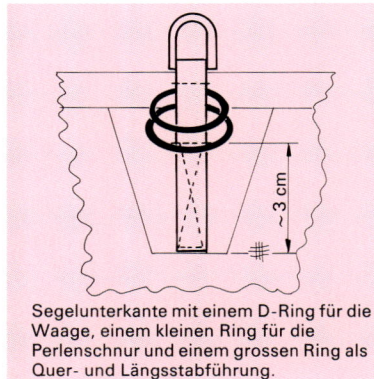

Segelunterkante mit einem D-Ring für die Waage, einem kleinen Ring für die Perlenschnur und einem grossen Ring als Quer- und Längsstabführung.

Ring und danach den grossen 14-mm-Ring zwischen die beiden Laschenteile.

Die Ringe werden so nahe wie möglich an die Naht geschoben und dann das Band quer über die ganze Dacronbreite festgenäht. Jetzt können wir wieder das untere der beiden Bänder auf die Länge der Dacronverstärkung kürzen, das obere, längere darunterschlagen und am besten wiederum in Kreuzform festnähen.

Nun bleiben uns noch die oberen und unteren Laschen auf den Eckverstärkungen. Mit der ersten La-

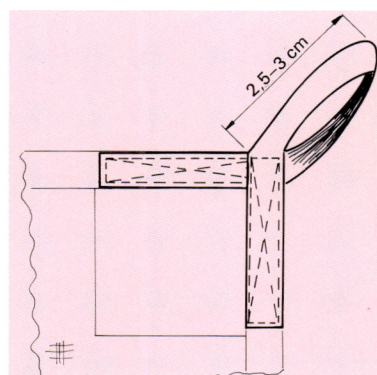

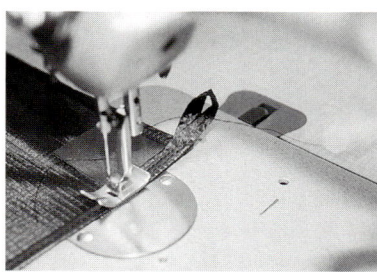

Befestigung der Schlaufen an den vier Ecken

Kräfte sich auf beide Kanten verteilen und der Zugpunkt genau auf der 45-Grad-Achse zu liegen kommt. Das Band wird mit einer zweifachen geraden oder einer sehr breiten Zickzacknaht aufgenäht.

Einpassen der Stäbe

Beim Edo liegen immer die Längsstäbe direkt auf dem Segel, die Quer-

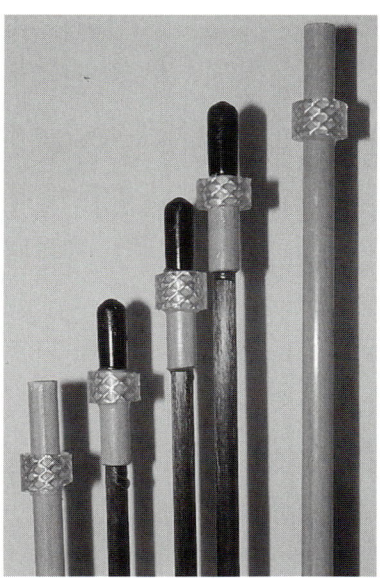

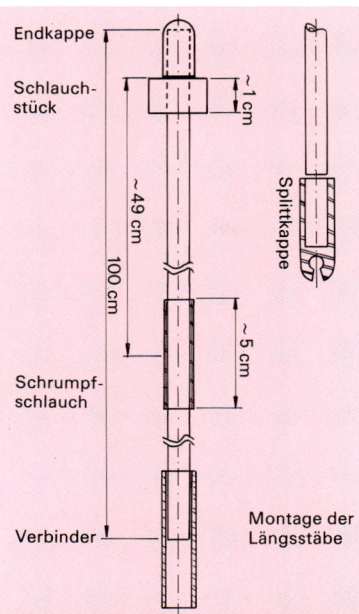

Drachenmodelle: Edo

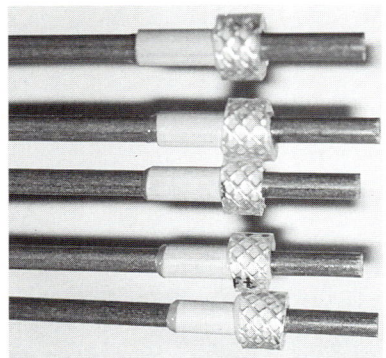

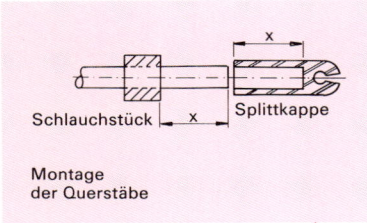

Schlauchstück — x — Splittkappe

Montage der Querstäbe

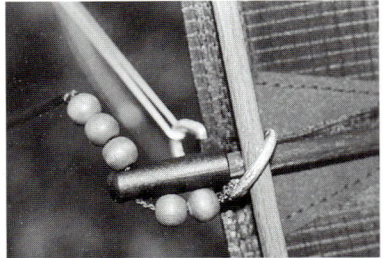

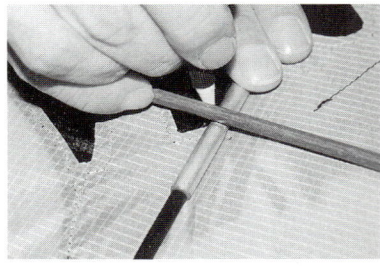

stäbe dahinter. Die drei Längsstäbe werden aus je zwei 1 Meter langen Kohlefaserrohren, einem passenden Verbinder, einem dickwandigen Schlauchstück, einer Endkappe, vier Stück Schrumpfschlauch und einer Splittkappe gebildet.

Für die Querstäbe verwenden wir fünf durchgehende Glasfaserrohre. An beiden Enden kleben wir jeweils mit Sekundenkleber ein satt sitzendes Schlauchstück mit möglichst breiter Wandung auf, welches als Anschlag für den D-Ring dient.

Nach der Montage der Querstäbe wird die Splittkappe aufgesteckt und eventuell verleimt. Sie nimmt später die Spannschnur auf.

Die Position der Schlauchstücke muss vor dem Festleimen bestimmt werden. Das Stabmaterial wird ausgemessen und Überstehendes abgeschnitten. Nicht vergessen, die Kanten abzuschleifen und die Stäbe innen auszufüllen. (Wenn ein Summer montiert wird, sieht der oberste Querstab etwas anders aus, siehe «Unari», Seite 104.)

Der sechste, als Hilfsstab dienende Querstab ist ein dünner 4-mm-Vollglas- oder Kohlefaserstab. Er wird in die beiden Taschen satt eingepasst, ohne zu spannen, und sollte an den Enden mit je einer festgeleimten Stabkappe versehen sein. Zur Verbindung dieses Hilfsstabs mit den drei Längsstäben schneiden wir drei dünne Schlauchstücke (ca. 5 mm) mit mindestens 12 mm Innendurchmesser zu. Dieser Stab dient nur dazu, den Winddruck (ab 3 Bft.) auf den oberen drei durch die Längs- und Querstäbe gebildeten Flächen zu mildern und damit ein schöneres Flugbild zu bewirken.

Die beiden Diagonalstäbe bestehen aus vier 8-mm-Glasfaserrohren, zwei passenden Verbindern und vier passenden Splittkappen. Die Stäbe werden gleichmässig so gekürzt, dass die Verbinder genau über dem Mittelpunkt des Drachens zu liegen kommen und die Splittkappen über das Segel hinausste-

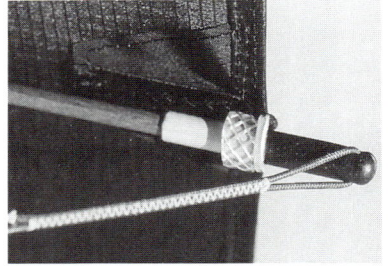

hen. Auf die obere Stabhälfte wird auf der einen Seite ein Verbinder aufgeleimt und auf der anderen Seite eine Splittkappe aufgesetzt. Der zweite, untere Stab erhält nur eine Splittkappe. Zur Montage der Diagonalstäbe wird die obere Splittkappe des zusammengesteckten Stabes mit der Schlaufe verbunden. Die untere Splittkappe dient zur Aufnahme der Perlenspannschnur, mit deren Hilfe die Stäbe gespannt werden. Für die Spannung der drei Längsstäbe verwenden wir ebenfalls eine Perlenschnur, mit deren Hilfe jederzeit ein Nachspannen des Segels möglich ist.

Waage

Zunächst gilt es, die zusätzlichen, nicht an der Drachenaussenkante liegenden Waagepunkte anzubringen. Diese Punkte liegen genau unter den Schnittpunkten der drei Längsstäbe mit den drei blauen inneren Querstäben. Wir markieren deshalb zunächst die genaue Lage der Schnittpunkte auf der Segelrückseite.

An diesen neun Punkten setzen wir jeweils eine grosse Niete, wie man sie für Zelte oder Abdeckplanen braucht (Innendurchmesser ca. 8 mm). Bevor wir die Nieten schlagen, nähen wir auf den 9 Schnittstellen noch eine Dacronverstärkung von 3 × 3 cm auf.

Tip: Damit die Nieten fest auf dem Stoff sitzen, wird eine passende dünne Scheibe (1–2 mm) Plastikschlauch mit eingenietet.

Nun bringen wir die präparierten Waageringe am Segel an. Wir benötigen: 5 Stück 1-mm-Drachenschnur, 60 cm lang (Punkt A), 4 Stück 1-mm-Drachenschnur, 15 cm lang (Punkt B), 9 Alu-Ringe von 6 mm Innendurchmesser, 9 Unterlagsscheiben aus Messing von 4 mm Innendurchmesser und ca. 12 mm Aussendurchmesser, 9 Schlauchstücke, 3 bis 4 mm lang, Innendurchmesser 2 mm.

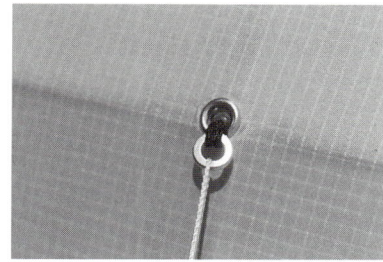

Die Waageringe werden auf zwei verschiedene Arten montiert. Für die *Variante A* verwenden wir die 60 cm lange Schnur. Diese wird zur Hälfte geschlagen und mit einer Bucht in einem Aluring eingehängt. Dann fädeln wir das enganliegende Schlauchstück auf und schieben es ganz nach vorne. Die beiden Schnurenden werden so durch die Niete geführt, dass der Ring auf der Drachenvorderseite liegt.

Wir führen die Schnur rechts und links am Stabkreuz vorbei und fädeln die Unterlagsscheibe auf. Die Scheibe verhindert den Verlust des Ringes, wenn einmal beide Stäbe gleichzeitig entfernt werden müssen. Nun verknoten wir die beiden Schnurenden so nah und so straff wie nur möglich bei der Unterlagsscheibe. Die Restlänge der Schnur verwenden wir jeweils zum Festbinden der beiden Diagonalstäbe auf dem entsprechenden Kreuzungspunkt.

Für die *Variante B* mit den kürzeren Schnüren ist das Vorgehen bis zum Knoten genau gleich. Die überschüssige Schnur wird dann jedoch knapp über dem Knoten abgeschnitten und das Ende angeschmolzen, so dass der Knoten nicht mehr aufgehen kann.

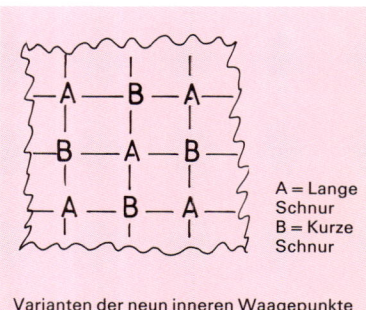

Varianten der neun inneren Waagepunkte
A = Lange Schnur
B = Kurze Schnur

Drachenmodelle: Edo

101

Spannen

Jeder Edo muss vorgespannt werden. Die Vorspannung beträgt bei unserem Drachen an allen Querstäben etwa 25 cm. (Siehe «Hinterspannen», Seite 26.)
Gespannt wird mit Hilfe der fünf an den Querstäben in den Splittkappen eingehängten Spannschnüre. Um individuelle Anpassungen vornehmen zu können, versehe ich meine Spannschnüre jeweils mit Schnurspannern oder Schiebeknoten. Eine Markierung stellt sicher, dass immer bis zum selben Punkt gespannt wird. Dies ist deshalb wichtig, weil die Waage durch die Spannung beeinflusst wird. Ich rate von einer festen Spannschnurlänge ab. Die Erfahrung hat gezeigt, dass sich mit der Zeit die Spannung, sei es im Stoff oder auch bei den Stäben, verändern kann. Die Seitenkanten sollten, nicht zuletzt auch aus optischen Gründen, schön in einer Linie ausgerichtet sein.

Verbundwaage

Diese Waage hat viele Vorteile, vor allem für die Steuerung des Drachens. Zunächst stellen wir aus dickem Leder, aus mehrfach verleimtem Sperrholz, aus einem Glasfaserplättchen oder aus Aluminium den *Waagerechen* her. Wichtig ist, dass man ein unzerbrechliches Material einsetzt. Wir bohren 17 Löcher von 3 bis maximal 5 mm Durchmesser in die Platte. Alle Kanten, einschliesslich der Aussenkanten, sollten abgerundet sein, damit man sich nicht verletzt und sich die Waageschnur nicht durchscheuert.
Die Waage des Edos ist eine sogenannte Schleppwaage. Sie dient primär als Waage, zugleich aber auch als Gegengewicht mit derselben

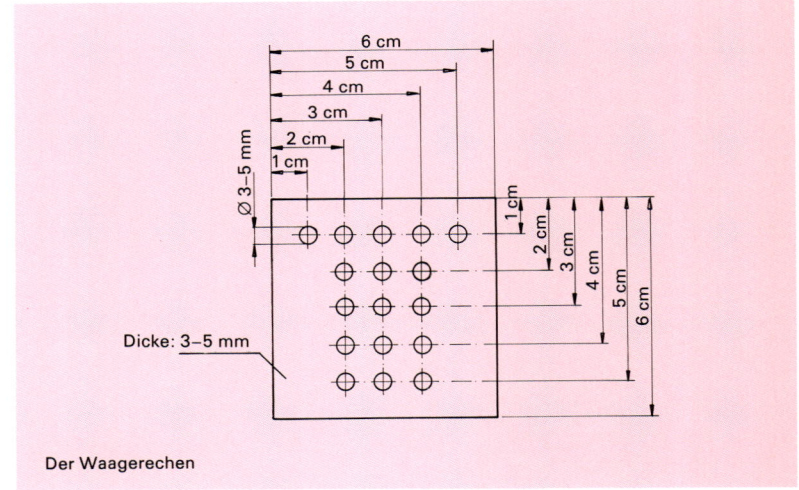

Der Waagerechen

Funktion, die sonst der Schwanz erfüllt. Je grösser der Winddruck, desto mehr Waagereihen verschieben sich von der Funktion als Schwanz zur Waage. Die vielen Waagepunkte ermöglichen die im Verhältnis extrem leichte Konstruktion, denn jede Waageschnur muss nur einen

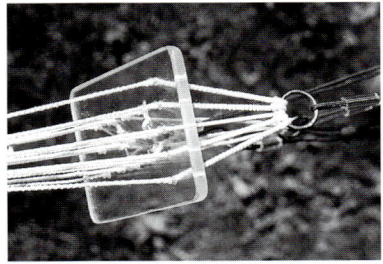

kleinen Teil des Drachens halten. Als Anhaltspunkt für die Berechnung der minimalen Waagelänge gilt als Faustregel: Die minimale Waagelänge entspricht elfmal der Diagonalen des Drachens. In unserem Fall misst die Diagonale rund 2,30 m, die Waage wird daher mindestens 25 m lang. Wir benötigen 17 Waageschnüre von 1 mm Durchmesser oder ca. 30 kp Zugkraft und mindestens 25 m Länge.

Tip: Je dicker die Waageschnur, desto einfacher die Handhabung, besonders bei einer längeren Waage. Ich empfehle, eine dehnungsarme Schnur zu verwenden.

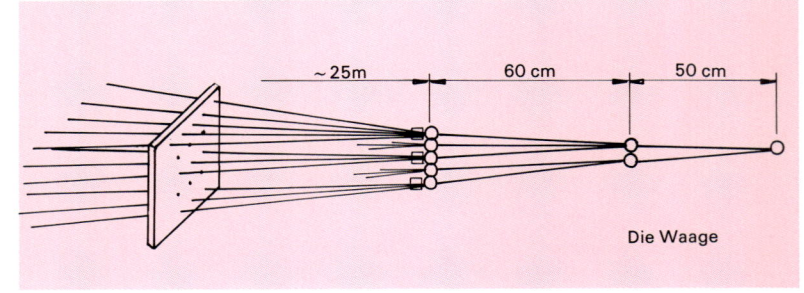

Die Waage

Die 17 Schnüre müssen möglichst genau zugeschnitten werden. Dann sollte jede Schnur einzeln mehrmals kräftig vorgestreckt und anschliessend auf ein Stück Karton aufgewickelt werden; die Leinen kann man mit einem Schlauchstück festhalten. Nun folgt das eigentliche Aufknüpfen der Schnüre in folgenden Arbeitsschritten:

- Verspleissen der Schnüre an je einem Aluminiumring (14 mm Innendurchmesser) pro Waagereihe; erste Reihe 5 Schnüre, zweite bis fünfte Reihe je 3 Schnüre. Das Spleissen als beste, saubere Verbindung ist sehr zu empfehlen. Knoten können einander leicht behindern.
- Auffädeln der einzelnen Schnüre auf den Rechen
- Anknüpfen der Schnüre an den Drachen
- Montage der Verbundwaage

Die einzelnen Schnüre müssen so auf den Rechen aufgefädelt werden, dass sich die Schnüre von jeweils einer Waagereihe nicht kreuzen! Das heisst, linke Schnur durch linkes Loch, die zweite Schnur von links durch das zweite Loch von links derselben Reihe usw. Das Anknüpfen der Schnüre an den Drachen ist etwas kompliziert, aber keine Hexerei.

Einstellen der Waage

Am einfachsten stellt man den Drachen auf den Kopf und lehnt ihn in einem Winkel von etwa 30 Grad an eine Mauer oder einen Zaun; im Abstand unserer längsten Waage (ca. 25 m) dreht man genau im rechten Winkel zum Drachen einen Bodenanker ein. An diesem Bodenanker befestigen wir mit Hilfe eines Karabiners unsere fünf Waageringe. Dabei achten wir darauf, dass die Reihen auf dem Rechen nicht verdreht sind.

Nun wird Leine für Leine ausgerollt und mit einem kleinen Karabiner (ohne Wirbel) in den jeweils dazugehörenden Aluring eingehängt. An jeder Waage belassen wir eine Schnurschlaufe von etwa 20 cm. Diese Reserve wird für die Feintrimmung der einzelnen Schnüre benötigt.

Natürlich kann man die einzelnen Waageschnüre auch direkt durch die Ringe ziehen. Doch bietet der Karabiner die Möglichkeit, das Segel auszuwechseln, ohne die ganze Waage komplett neu einrichten zu müssen. Bei der ersten Feintrimmung ist darauf zu achten, dass die fünf beziehungsweise drei Waageschnüre einer jeden Reihe die gleiche Spannung besitzen. Man erkennt dies sehr gut am Bogen, den die Schnur zwischen Bodenanker und Drachen bildet. Man muss jede Schnur und jede Reihe solange nachstellen, bis sie übereinstimmen.

Tip: Von vorne und von der Seite kontrollieren!

Für die Verbundwaage werden zunächst die drei 1 Meter langen roten und die zwei 120 cm langen blauen 2-mm-Schnüre auf ihre Aluminiumringe gespleisst oder eingelegt. Danach führen wir sie in der richtigen Reihenfolge durch die entsprechenden Ringe und schliessen die

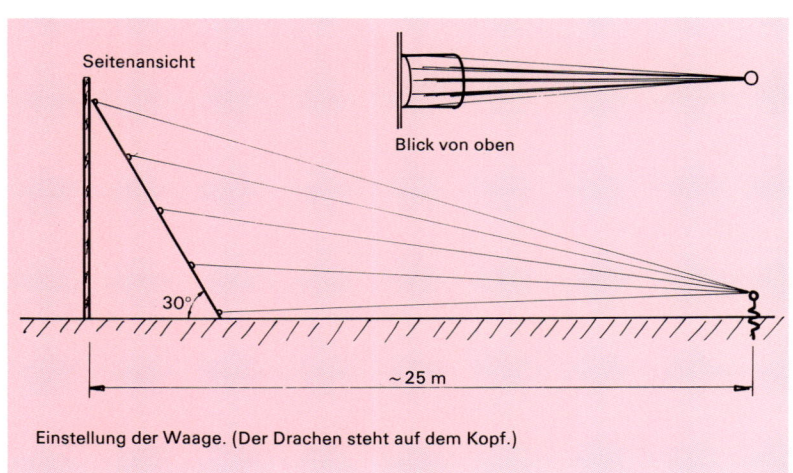

Einstellung der Waage. (Der Drachen steht auf dem Kopf.)

Schlaufe mit einem Schiebeknoten. Wir montieren die roten oben und die blauen unten. Diese Farbunterscheidung erleichtert uns später das Nachtrimmen bei wechselnden Winden. Mit den Schiebeknoten geht dies jeweils sehr schnell.

Für die abschliessende Stufe unserer Verbundwaage werden je eine rote und eine blaue 60 cm lange 3-mm-Schnur an einen Aluminiumring von 21 mm Durchmesser gespleisst. Die rote Schnur fädeln wir nun durch den Ring mit den drei roten 2-mm-Schnüren und schliessen auch diese Schlaufe mit einem Schiebeknoten. Mit der blauen Schnur verfahren wir ebenso.

Tip: Zur Kennzeichnung kann man die Schnüre auch mit einem wasserfesten Filzstift anmalen.

Da die Waageschnüre sich strecken, muss die Waage nach den ersten Flügen mindestens zwei- bis dreimal nachgetrimmt werden. Es ist unbedingt darauf zu achten, dass jede Schnur einer jeden Reihe gleich belastet ist. Keine darf durchhängen! Selbstverständlich muss auch jede Waagereihe gleich gut tragen wie die anderen. Wenn eine Waageschnur oder eine Reihe nicht belastet ist, wird an dieser Stelle das Drachengestänge unnötig stark belastet, was im Extremfall zum Bruch führen kann.

Unari

Die Bezeichnung «Unari» kommt aus dem Japanischen und bedeutet Summer oder Brummer (englisch «hummer»). Es gibt zwei Grundtypen: Beim stark gebogenen Summer (A) passt sich die Biegung des Unari meistens der des Drachens an. Er erinnert an einen Pfeilbogen. Der schwach gebogene Summer (B) biegt sich aufgrund des starren Ma-

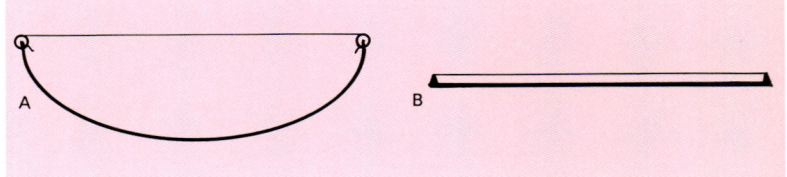

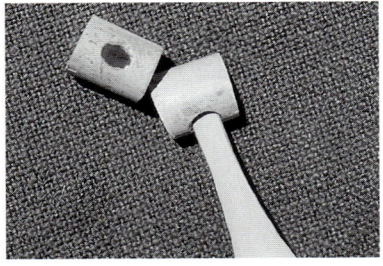

terials nur wenig. Gleichwohl ist die Saite stark gespannt. Er erinnert an den Hals einer Gitarre.

Der Ton des Unari hängt von der Spannung und dem verwendeten Material ab. Häufig werden Geschenkband, Kassettenbänder oder Metallbänder (dünnes Aluminium) verwendet. Der Ton wird auf das gespannte Segel geleitet. Dieses wird sozusagen zum Resonanzkasten und strahlt den Ton verstärkt ab. Je höher die Spannung, desto grösser die Abstrahlung. Leider ist Ripstop-Nylon dafür nicht gut geeignet, da es sich dehnt. Trotzdem ist auch hier der Unari noch gut zu hören.

Gespannt wird der Unari mit Hilfe zweier Bambusstücke oder etwas Ähnlichem. Die Montage ist recht einfach, da sich das Band selbst sichert.

Für unseren Edo verwenden wir einen Unari, den man nach Belieben aufstecken oder weglassen kann. Wir löten je zwei der Messing- oder Kupferhülsen aneinander. Dies erfordert etwas Geduld. Dabei reicht ein 15-Watt-Lötkolben bereits aus.

Zur Montage des Summers schleifen wir zunächst die Aussenkanten der Glasfaserrohre ab, am besten rund. Dann kleben wir in die Enden der Rohre, um sie zu verstärken, jeweils ein Holzstück ein.

Das Summerband des Unari wird in einer Schlaufe durch die beiden Schlauchstücke hindurchgezogen.

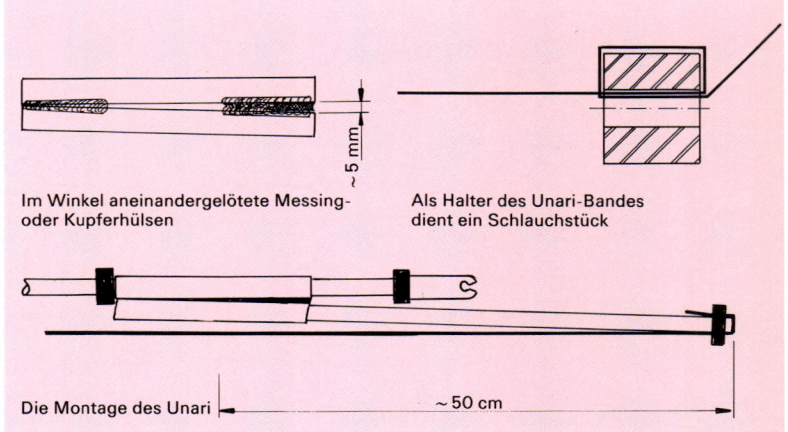

Drachenmodelle: Edo

Die Distanz zwischen den beiden Schlauchstücken wird durch die Spannung des Drachens bestimmt. Die Spannung des Bandes muss durch Nachstellen angepasst werden. Das Band darf nicht verdreht sein! Es muss gelegentlich ersetzt werden.

Start

Der Drachen sollte immer am Ort des Starts zusammengebaut werden. Den fertig montierten Drachen auf den Rücken legen, so dass der Wind durch den gewölbten Drachen streichen kann. Nun kann man den Zopf der Hexenleiter aufziehen. Verdrehungen in der Waage werden korrigiert; leicht verschlungene Waageschnüre können meist mit dem Rechen geöffnet werden. Der Waagering wird mit einem Karabiner in einen eingedrehten Bodenanker eingeklinkt. Ist die Waage einmal richtig durcheinander, lässt sie sich rasch öffnen, indem eine Person alle Waageschnüre beim Drachen festhält, eine zweite Person am Waagering zieht und ein dritter Helfer etwa in der Mitte an den Leinen zupft.

Tip: Wer die Waage sorgfältig mit der Hexenleiter zusammennimmt, sollte kaum Probleme mit Verschlingungen haben.

Es gilt: Je kräftiger gespannt wird, desto schneller ist die Waage offen. Erst wenn die Waage offen ist, ist der Drachen startklar.

Für den ersten Flug empfehle ich nicht mehr als Windstärke zwei, denn es gilt, sich mit dem Drachen vertraut zu machen und die Waagetrimmung zu verfeinern. Damit Sie sich ganz dieser Aufgabe widmen können, sollten Sie zwei Helfer mit auf die Wiese nehmen. Der eine (mit Erfahrung im Drachenflug) auf der Seite der Waage und der andere als Starthelfer und zum Auffangen bei der Landung.

Korrekturen

Beim ersten Flug ist die Waage nachzutrimmen. Den Flugtest bei Windstärke drei bis vier sollten Sie erst dann wagen, wenn Sie Ihren Edo genauestens kennen und sein Verhalten vorhersagen können. Auch ein Flug an der langen Leine sollte erst nach etwas Eingewöhnung erfolgen. Beim ersten Start sollte die Leine der Waage auf Höhe der beiden Ringe (rote und blaue Schnur) gehalten werden. So haben Sie eine grosse Wegstrecke (zwei Armlängen), um die beiden Waageteile, die

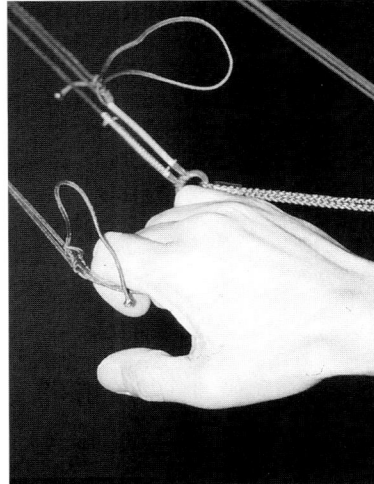

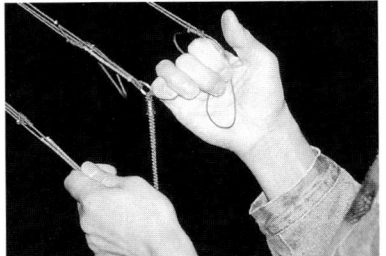

oberen und die der unteren, zu beeinflussen. Sie korrigieren den Winddruck von schwach auf stark. Der Drachen steigt oder fällt wie ein Aufzug. Haben Sie den richtigen Punkt gefunden, können Sie den Endring nachstellen. Der Drachen steht – wie gewünscht – am Himmel. Den «Lift» brauchen wir nur, um die Trimmung auszuführen. Wir trimmen entweder mit den Schiebeknoten die Waage oder die einzelnen Schnüre am Drachen.

Nun sollte der Drachen gerade am Himmel stehen. Steht er schräg, zum Beispiel leicht nach rechts geneigt, korrigieren wir, indem wir die oberste Waageschnur links sachte anziehen (dabei können schon 1–5 mm den entscheidenden Erfolg bringen). Der Drachen dreht langsam nach links. Der obersten Waagereihe und den obersten Schnüren links und rechts kommt die allergrösste Bedeutung zu. So einfach ist eine Korrektur auszuführen. Das Problem ist nur, dass sich mit dieser Regulierung ein Nachstellen aller Schnüre und Reihen nicht umgehen lässt. Der Drachen fliegt bei leichten Winden grundsätzlich auf der obersten Waagereihe. Je nach Windstärke wird die untere Drachenkante nach hinten oben gedrückt. So wird eine Waagereihe nach der anderen mit beansprucht. Erst bei vollem Wind sind alle Reihen im Einsatz. Bei leichterem Wind haben die unteren Reihen eher eine Art Schwanzfunktion.

Ein Grundschatz an Erfahrung im Drachenflug ist im Umgang mit dem König des Drachenhimmels unbedingt nötig. Nach einer guten Trimmung kann die Einstellung meist über die Schiebeknoten vollzogen werden. Tasten Sie sich langsam und sorgfältig an noch unbekannte Wind- und Wettersituationen heran.

Für mich ist der Flug nur an der Waage der schönste Flug. Ich lasse den Edo selten an einer zusätzlichen längeren Schnur hinaus.

Landung

Zur Landung zieht man am unteren Waagering (blau). Dadurch beginnt der Drachen, sich nach unten zu bewegen. Durch Gegensteuern mit der oberen Waage (rot) ist eine sanfte Landung problemlos möglich. Nach der Landung lasse ich den Drachen normalerweise nach hinten kippen. Die Waage klinke ich in einen eingedrehten Bodenanker. Derart geparkt, ist meinen Edos noch nie etwas geschehen. Wenn ich wieder starten möchte, brauche ich ihn nur aufzustellen, leicht nach hinten gekippt, damit er nicht von alleine hochgeht. Waage ausklinken und leicht rückwärts gehen. In dem Moment, wo der Drachen nach vorne kippt, ziehe ich mit einem Ruck an, und er fliegt.

Das Wichtigste beim Zusammenpacken ist, mit der Waage anzufangen. Am Waagering beginnt man mit der ersten Hexenleiter. Über die Hand geflochten, führt sie bis zum Drachen. Am Drachen beginnt die zweite Reihe der Hexenleiter zurück zum Waagering. In den Ring klinke ich einen Karabiner und sichere damit gleichzeitig die letzte Schlaufe. Der Drachen wird nun entspannt und demontiert. Die Querstäbe bleiben immer montiert. Die Stäbe und die Waage werden sorgsam in das Drachensegel gelegt und dieses zusammengerollt. Das ganze Paket wird in einer in Grösse und Umfang passenden Drachentasche versorgt. Soll das Transportmass kleiner sein als die Länge der Querstäbe, muss man diese halbieren und mit entsprechenden Verbindern arbeiten.

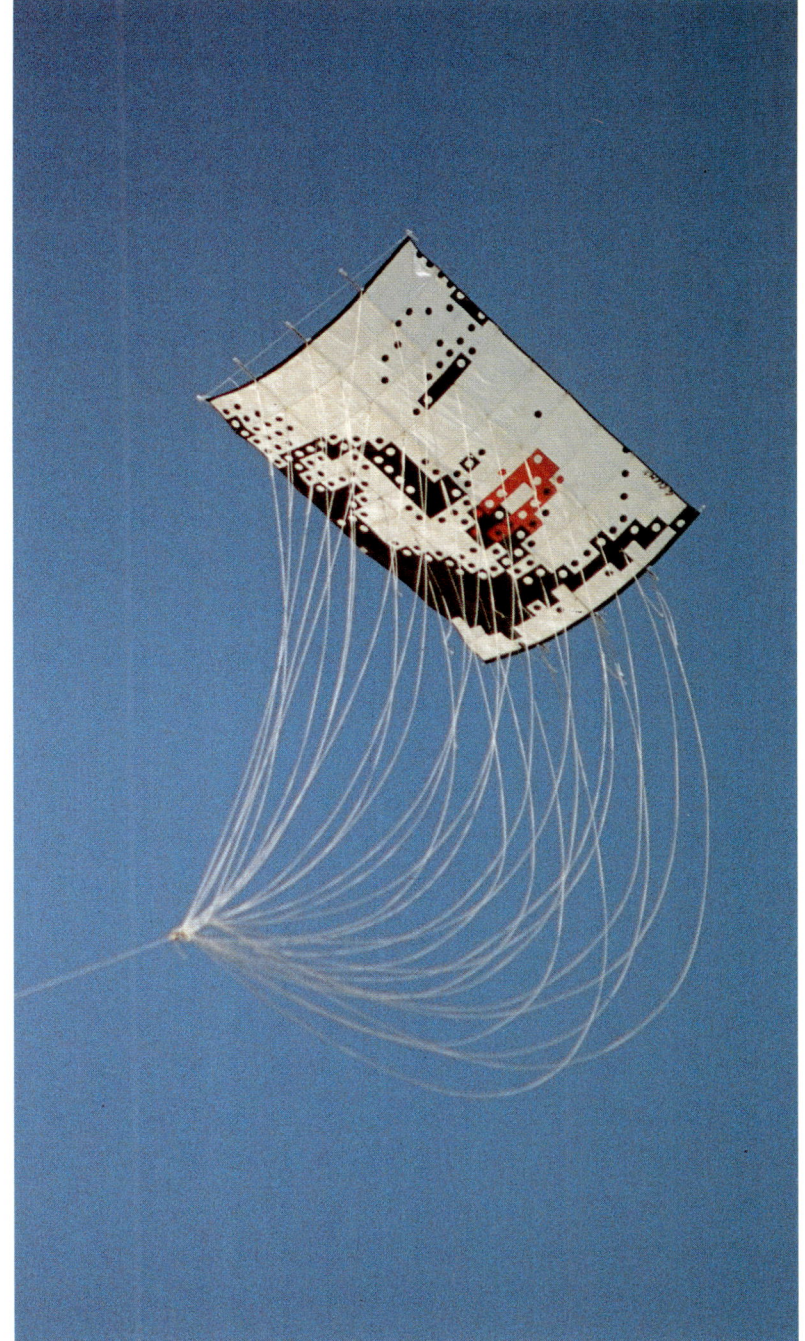

Hakkaku

Als ich das Buch «Bilder für den Himmel» zum erstenmal durchblätterte, verliebte ich mich sofort in diese Drachenform und in das Bild des fliegenden Baumes. Einzig die Grösse gab mir zu denken. Ein so grosser, starrer Drachen aus Papier und Bambus passt nicht in meine Wohnräume, geschweige denn in mein Auto. Andererseits ist die Grösse das Reizvolle und Besondere, welches diesen Drachen auszeichnet.

Der Drachen musste also zusammenlegbar konstruiert werden. Das Segel wurde in Ripstop-Nylon und das Gestänge aus Glas- oder Kohlefaserstäben geplant. Es hat sich dann herausgestellt, dass CFK-Stäbe für diese Anwendung zu steif sind, GFK-Stäbe aber die für die Durchbiegung notwendige Flexibilität aufweisen. Das Gerüst muss in sich fest verbunden sein, damit es der Durchbiegung im Wind widersteht. Anders als die gängigen Sterndrachenkonstruktionen, die vom Zentrum her strahlenförmig aufgebaut sind, beruht die Grundkonstruktion des Hakkaku auf den festen Aussenkanten des Segels. Die Montage vor dem Flug ist deshalb etwas aufwendiger als bei herkömmlichen Modellen. Das Flugbild des Hakkaku ist atemberaubend schön, der Zug auf die Drachenschnur gewaltig. Es darf jedoch nicht verschwiegen werden, dass dieser Drachen einen konstanten Wind über zwei Beaufort braucht. Die Schwanzlänge wird dabei, je nach Windstärke, variiert.

Materialliste

1 quadratisches Segel aus Ripstop-Nylon 42–60 g/m², 165 × 165 cm
4 Segeldreiecke aus Ripstop-Nylon 42–60 g/m², 38,8 × 77 cm
16 Bänder Ripstop-Nylon, 2,4 cm × 15 cm, für die Stabkreuzungen
5 Bänder Ripstop-Nylon, 2,4 cm × 40 cm, zum Fixieren der Stabkreuze
2 Bänder Ripstop-Nylon, 2,4 cm × 30 cm, zum Befestigen der Diagonalstäbe
9 Bänder Ripstop-Nylon, 2,4 cm × 9 cm, zum Halten der Waageringe
7 Dacronvierecke, 7 × 7 cm, für die Sternspitzen
7 Dacronvierecke, 7 × 7 cm, innen 4 × 4 cm ausgeschnitten, als Waagepunktverstärkung
1 Dacronviereck, 9 × 9 cm, für den Drachenmittelpunkt
16 Laschen aus Ripstop-Nylon, 3,2 × 10 cm, als Tunneltaschen für die Sternspitze
10 Laschen aus Ripstop-Nylon, 6 × 10 cm, als Tunneltaschen für die Spreizstäbe

Kantenstäbe

8 Glasfaserstäbe, 6 mm ⌀, 165 cm lang
16 Holzstücke, 3–5 cm lang, in die 6-mm-Stäbe passend
8 90-Grad-Verbinder, innen 6 mm ⌀
8 Holzstücke, 6 mm ⌀, 6 mm lang

Mittelstab

2 Glasfaserrohre, gelb, 12 mm ⌀, 150 cm lang
1 Messingverbinder, innen 12 mm ⌀, ca. 30 cm lang
4 Holzstücke, 10 mm ⌀, ca. 5 cm lang
1 Endkappe, innen 12 mm ⌀
4 Schlauchstücke, innen 12 mm ⌀, 1,5 cm lang
2 Schnurstücke, ca. 35 kp, 50 cm lang
1 Schlauchstück, 12–13 mm ⌀, 5 cm lang
1 Schlauchstück, aussen 12 mm ⌀, 1,5 cm lang
1 Schlüsselring, so gross wie möglich
1 Schnurstück, 30–60 kp, 15 cm lang

Diagonalstäbe

3 GFK-Stäbe, grau, 8 mm ⌀, 150 cm lang
6 GFK-Stäbe, grau, 8 mm ⌀, 40 cm lang
6 passende Verbinder, innen 8 mm ⌀
6 Splittkappen, innen 8 mm ⌀
18 Holzstücke, 6 mm ⌀, 4 cm lang
6 Schnurstücke, 35–60 kp, 40 cm lang
1 Öse, innen 10–12 mm ⌀
1 Dacronverstärkung
7 Aluminiumringe, 30 mm ⌀, innen 16 mm ⌀
1 Aluminiumring, innen 20–24 mm ⌀
3 Schnurstücke, 35–60 kp, 3000 m
3 Schnurspanner anstelle des Schiebeknotens
8 Schnurstücke, 35–60 kp, 50 cm lang
5 Schnurstücke, 35–60 kp, 200 cm lang
1 Schnurstück, blau, 45–60 kp, 1 m lang
1 Schnurstück, rot, 45–60 kp, 3 m lang
6 Aluminiumringe, innen 16–20 mm ⌀
5 Schlauchstücke für die Waagepunkte
1 Sisalseil, 10–12 mm ⌀, ca. 50 m lang

Unari

1 Bambusstab
2 GFK-Stäbe, grau, 8 mm ⌀, 1 m lang
2 Schlauchstücke, innen 8 mm ⌀, 5,5 cm lang
2 Bambusstopper
1 Summerband in entsprechender Länge
1 Werkzeugklammer mit Schraube
2 Gummischnurstücke, 20 cm lang

Bauplan

Zuschneiden

Aufgrund der Form und Grösse des Segels müssen zunächst zwei Bahnen Ripstop mit einer Kappnaht zusammengenäht werden. Die Bahnen sollten etwas länger sein als die endgültige Kantenlänge von 165 cm, damit wir in einem zweiten Durchgang die genaue Segelflächengrösse daraus zuschneiden können. Es ist auf die Einhaltung der rechten Winkel zu achten.

Mit Hilfe einer Schablone werden die vier Dreiecke zugeschnitten, welche später an die quadratische Fläche angenäht werden. Beim Zuschneiden der Segelteile ist auf einheitlichen Fadenlauf zu achten.

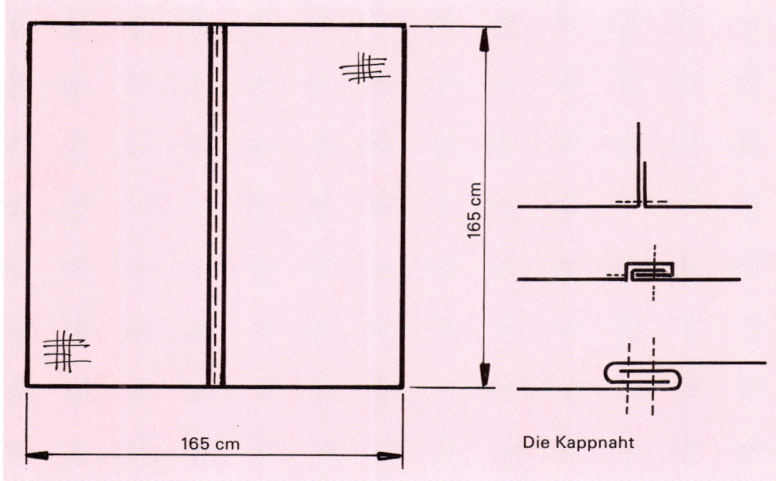

Die Kappnaht

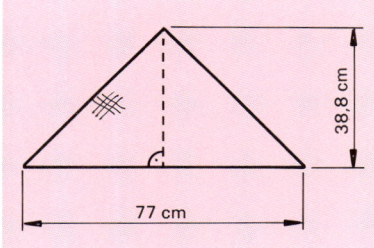

Um den Glanzeffekt zu erreichen, verläuft bei meinem Drachen der Faden bei den vier Dreiecken anders als im Hauptquadrat. Wenn Sie diesen Effekt nicht wünschen, passen Sie den Fadenlauf beim Zuschneiden und Nähen entsprechend an.

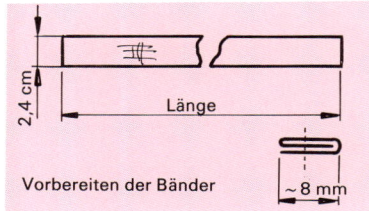

Vorbereiten der Bänder

Zum Zuschneiden der Bänder benützen wir, um Stoff zu sparen, Abschnitte der Segelfläche. Dabei ist zu beachten, dass je nach Gestaltung das Segel und die Bänder jeweils die gleiche Farbe haben sollten. Wir brauchen 16 Bänder zum Zusammenbinden der Stabkreuzungen, 5 Bänder zum Fixieren der Stäbe auf der Rückseite, 7 Bänder zum Halten der Waageringe.

Zur Verstärkung der Sternspitzen benötigen wir acht vollflächige Dacronvierecke von 7 × 7 cm. Weitere sieben Dacronvierecke von 7 × 7 cm für die Waagepunktverstärkung werden innen 4 × 4 cm ausgeschnitten. Schliesslich braucht es noch ein Dacronviereck von 9 × 9 cm für den Drachenmittelpunkt. Für dieses Viereck müssen zwei Dacronstücke zusammengenäht werden.

Schliesslich schneiden wir die zehn Tunnellaschen für die Spreizstäbe und die 16 Laschen für die Sternspitzen zu.

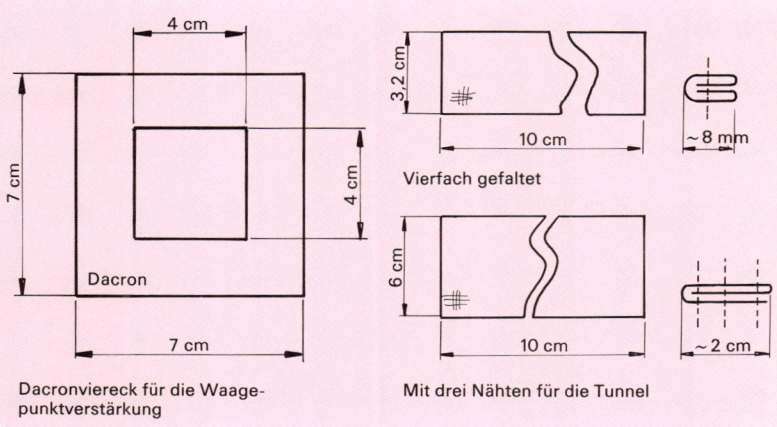

Nähen

Die Bänder werden je nach Verwendungszweck drei- oder vierfach gefaltet und genäht.

An den vier *Segeldreiecken* werden zunächst die beiden unteren Ecken zur Rückseite umgeschlagen und festgenäht. Dann markieren wir mit einem weichen Bleistift oder einem Phantomstift 4 cm vom Rand die Saumkante. An der Spitze wird zusätzlich mit zwei Linien ein Quadrat von 9 auf 9 cm markiert. Nun setzen wir ein vollflächiges Dacronstück von 7 × 7 cm auf die unteren Kanten und nähen es mit zwei Nähten fest. Anschliessend wird die Spitze zur Hälfte umgeklappt und das so gebildete Verstärkungsdreieck mit drei Nahtlinien festgenäht.

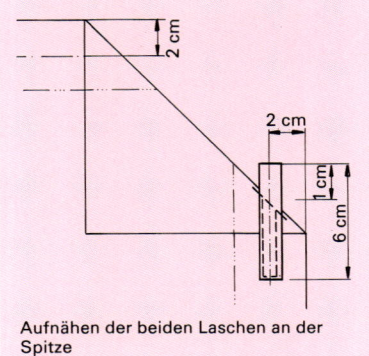

Aufnähen der beiden Laschen an der Spitze

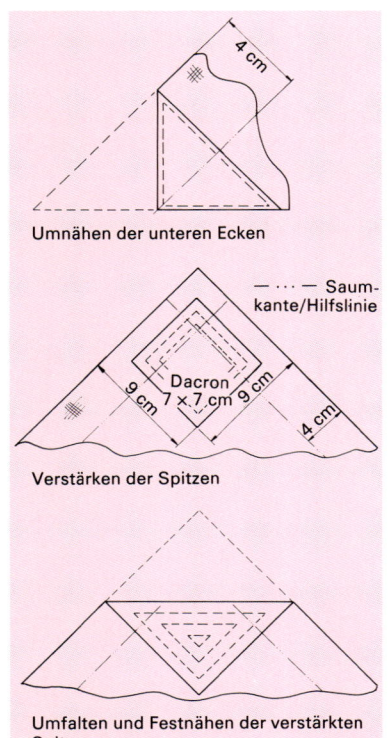

Umnähen der unteren Ecken

Verstärken der Spitzen

Umfalten und Festnähen der verstärkten Spitze

Zum Aufnähen der Laschen benötigen wir zunächst eine Markierung. Diese liegt 2 cm vom Rand entfernt und ist etwas länger als unsere Lasche. Die Laschen werden jeweils in der Mitte der Markierungslinie aufgesetzt und festgenäht. Die Lasche selbst muss auf der kürzeren Seite 1 cm über die Kante hinausragen. Sie wird gemäss der auf der Skizze eingezeichneten Nahtlinie aufgenäht. Ebenso verfahren Sie an allen weiteren Segeldreiecken.

Nun werden die Stabtaschen an den Aussenkanten gebildet. Dazu wird die Aussenkante auf der 4-mm-Linie umgeschlagen und etwa 5 mm vom Rand mit einem weiten geraden Stich (4 mm) festgenäht.

Tip: Am besten richten Sie an Ihrer Nähmaschine die Position der Nadel so ein, dass der Abstand von der Aussenkante des Füsschens bis zur Nadel 5 mm beträgt. Durch zwei- bis dreimaliges Hin- und Herfahren am Ende der Naht wird diese verstärkt.

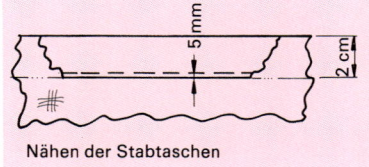

Nähen der Stabtaschen

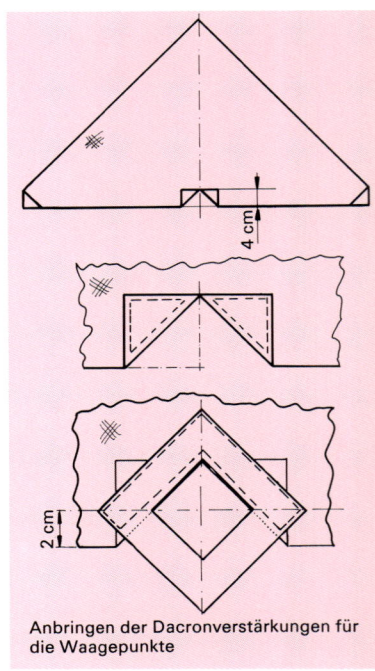

Anbringen der Dacronverstärkungen für die Waagepunkte

Auf die Unterkante der Dreiecke werden die Dacronverstärkungen der späteren Waagepunkte aufgenäht.

Genau in der Mitte des Dreiecksegels wird eine Hilfslinie angebracht. Entlang dieser Linie schneiden Sie die Kante 4 cm ein, klappen die beiden Ecken zur Segelrückseite und nähen sie fest. Nun ziehen Sie eine weitere Hilfslinie 2 cm parallel zur Unterkante. Mit den Ecken genau auf der horizontalen und vertikalen Hilfslinie bringen wir die Dacronverstärkungen an und nähen sie der Kante entlang fest.

Am *quadratischen Segelteil* werden, genau wie für die Segeldreiecke beschrieben, vier vollflächige Dacronecken aufgenäht. Die Reihenfolge ist auch hier: Verstärkung der Spitze falten und mit dreifacher Naht festnähen. Der Stoff muss immer zur Segelrückseite umgelegt werden.

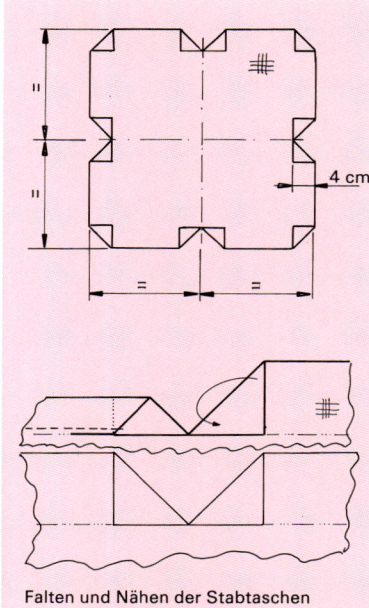

Falten und Nähen der Stabtaschen

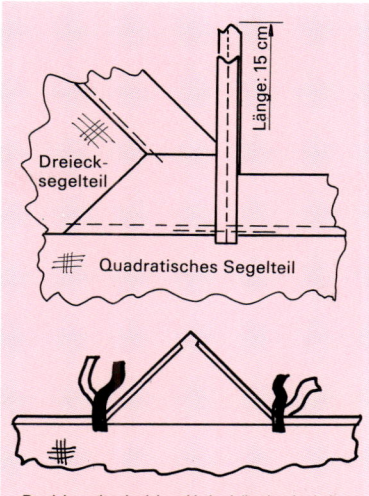

Position der beiden Haltebänder bei den Stabkreuzungen

Die Position der acht 90-Grad-Verbinder

Nun markieren Sie an jeder der vier Seitenkanten den genauen Mittelpunkt und schneiden an den vier markierten Punkten 4 cm tief bis zur Hilfslinie für die Stabtaschen ein. Die Ecken werden, wie bei den Segeldreiecken beschrieben, umgeschlagen und angenäht.

Anschliessend nähen Sie die Stabtaschen (Verfahren siehe Nähen der Segeldreiecke).

Um die Segeldreiecke an das Hauptsegel zu nähen, bringen wir an jeder Kante links und rechts von der Mitte in 34 cm Abstand eine Markierung an; diese bezeichnen die Lage der Dreieckkanten. Je nach den genauen Abmessungen der Segeldreiecke ist es notwendig, diese Endpunkte etwas nachzukorrigieren, doch ist immer darauf zu achten, dass Mitte auf Mitte bleibt.

Zum Zusammennähen wird die untere Kante des Dreiecks jeweils auf die Saumkante der Stabtasche gelegt. (Auf die richtige Stoffseite achten!) Nachdem alles richtig positioniert ist, werden die beiden Segelteile zusammengenäht. Dabei ist darauf zu achten, dass die Naht neben die erste, die Saumnaht, zu liegen kommt. Von vorne gesehen, liegen die Stabtaschen des Quadrats vor den Segeldreiecken.

Jeweils am Anfang und am Ende eines Dreiecks werden je zwei Haltebänder (15 cm lang) angenäht. Wer genug Erfahrung hat, kann dies zugleich mit dem Aufnähen des Dreiecks tun. Es empfiehlt sich, vor dem Annähen jede Lasche etwa 7 mm umzuschlagen, damit sie auf der Höhe der Nahtlinie doppelt liegt.

Zuletzt werden noch die Dacronverstärkungen an den Seiten des Hauptsegels aufgenäht.

Bevor wir die Verstärkungen der noch nicht bezeichneten Waagepunkte anbringen können, müssen die Stäbe eingepasst werden. Sind diese am Platz, ist es ein Einfaches, die exakte Position der Waagepunkte festzulegen.

Einpassen der Stäbe

Den Anfang machen wir mit den acht Glasfaserstäben (6 mm ∅) und acht 90-Grad-Verbindern für die Kanten der beiden Quadrate. Die Verbinder kann man aus einem harten, wasserbeständigen Holz selbst herstellen, oder man kann passende Schlauchverbinder im Fachgeschäft für Aquariumzubehör besorgen.

Tip: Diese Verbinder werden stark beansprucht, deshalb sollte man immer Ersatz dabei haben.

Damit alle Stäbe gleich lang geschnitten werden und um die Montage zu vereinfachen, leime ich am besten mit Epoxy-Zweikomponentenkleber ein Stückchen Holz von 6 × 6 mm in die Ecken der Verbinder.

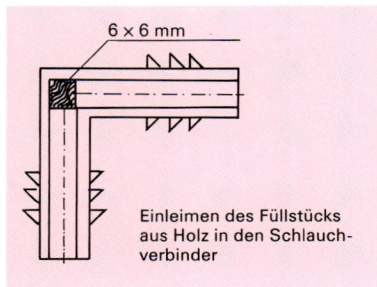

Einleimen des Füllstücks aus Holz in den Schlauchverbinder

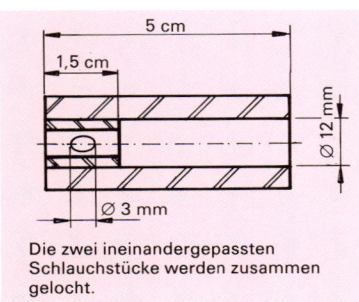

Die zwei ineinandergepassten Schlauchstücke werden zusammen gelocht.

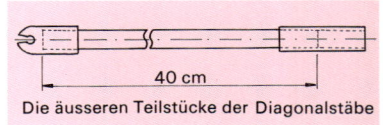

Die äusseren Teilstücke der Diagonalstäbe

Das Einpassen der Stäbe muss sorgfältig geschehen: Die Stäbe müssen alle gleich lang sein und dürfen nicht zu kurz werden. Sie sollen stramm eingepasst werden, denn der Stoff dehnt sich im Laufe der Zeit etwas aus. Die Enden der Stäbe sollten aus Gründen der Stabilität 3–5 cm tief mit einem Holzstück gefüllt werden.

Der *Mittelstab* besteht aus zwei 1,5 m langen 12 mm dicken Glasfaserrohren (gelb). Als erstes werden, um die Enden zu verstärken, die vier Holzzapfen in die Rohre geleimt. Der untere Stab erhält auf der einen Seite den Verbinder aufgeleimt. (Die Länge der käuflichen Verbinder ist ausreichend; wenn ich die Verbinder jedoch selbst zuschneide, lasse ich sie länger, etwa 10–12 cm.) Den Übergang vom Verbinder zum Stab umwickle ich mit Isolierband oder mit einem Stück Schrumpfschlauch. Von der anderen Seite her ziehe ich die vier straff sitzenden Schlauchstücke auf den Stab; ihre Position ist im Moment noch unwichtig. Die vier Schlauchstücke werden nicht aufgeleimt. Sie dienen als Puffer bei einem allfälligen Absturz. Den Schluss bildet eine Endkappe. Diese soll mit Isolierband gegen Verlust gesichert, aber nicht festgeleimt werden.

Der Mittelstab wird an der Drachenspitze in ein Schlauchstück gesteckt und an der unteren Drachenspitze mit Hilfe der Schnur gespannt.

Für das Schlauchstück werden zwei Schlauchstücke ineinandergeschoben und mit einem Loch versehen (ca. 3 mm ⌀). Durch dieses gemeinsame Loch wird der Schlüsselring gedreht. Bei dieser Konstruktion drückt der Stab nicht auf den Schlüsselring, sondern wird durch das innere, kurze Schlauchstück gepuffert. Dieses Teil wird über die beiden Laschen an der Spitze des Drachens so kurz wie möglich angebunden. Die Schnurenden werden über den Knoten abgeschnitten und zusätzlich noch verschweisst.

Zum Aufspannen des Segels wird die zweite Schnur von 50 cm Länge mit einem Schlag, der so nahe wie möglich bei den beiden unteren Laschen liegt, eingeknotet. Wenn wir an den überstehenden Enden ziehen, wird das Segel gespannt.

Von den vier auf den Mittelstab geschobenen Schlauchstücken werden die beiden oberen jetzt etwas unter der Drachenkante positioniert. Der Abstand zwischen ihnen beträgt 5–10 mm. In diese Lücke binden wir kreuzweise unsere Segelspannschnur. *Achtung:* Der Knoten muss wieder geöffnet werden können!

Die drei *Diagonalstäbe* sollten ebenfalls alle gleich lang sein. Die längsten Stabstücke sollten dabei nicht länger als 150 cm sein (Packmass!). Die drei 150 cm langen und die sechs kurzen Stäbe werden an beiden Enden mit je einem fest eingeleimten Holzstück verstärkt. An den kurzen Stabstücken wird zusätzlich jeweils auf einer Seite ein Verbinder aufgeleimt. Den Übergang vom Verbinder zum Stab verschliessen wir mit Isolierband. Auf der anderen Seite werden die Splittkappen aufgesteckt.

Tip: Schrumpfschlauch eignet sich dafür ausgezeichnet.

Achtung: Wenn 1 m lange Stäbe verwendet werden, werden die kurzen Stäbe ein wenig länger, das Vorgehen bleibt das gleiche.

Zur Befestigung der Stäbe wird an jeder Stabspitze eines der 40 cm langen Schnurstücke befestigt. Die Schnur wird durch beide Laschen gefädelt und möglichst nahe bei den Laschen verknotet. Im Abstand von 1–1,5 cm machen wir jeweils einen weiteren Knoten. Über diese Knoten spannen wir das Segel über die drei Diagonalstäbe auf.

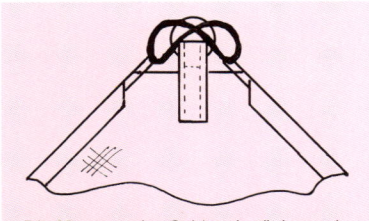

Die Montage des Schlauchstücks an der Drachenspitze

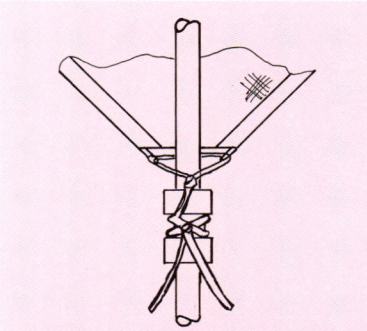

Das Drachensegel wird «unten» zwischen den beiden Schlauchstücken festgebunden.

Tip: Eine Alternative ist der Einsatz einer Perlenschnur. Dabei genügt auf einer Seite ein Knoten, der den Stab etwa in die Mitte des Segels zentriert. Gegenüber ziehen wir 6 bis 8 Holzperlen auf. Die Segelspannung wird mit Hilfe der Perlenschnur eingestellt (siehe Seite 26).

Weitere Waagepunkte

Nachdem das Gestänge montiert ist, ist es ein Einfaches, die restlichen Waagepunkte an den Schnittpunkten der Stäbe anzuzeichnen. An diesen Punkten werden auf die Rückseite des Segels Dacronverstärkungen genäht und das Segel danach vorsichtig ausgeschnitten.

Der dritte, mittlere Waagepunkt der obersten Reihe liegt unter dem Mittelstab auf der Linie der beiden bestehenden Waagepunkte. An diesem Punkt schlagen wir eine grosse Öse (innen 10–12 mm Durchmesser)

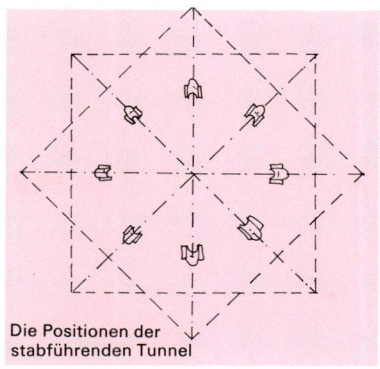

Die Positionen der stabführenden Tunnel

ein. Unter die Öse legen wir zur Verstärkung ein Dacronstück von etwa 3 cm Durchmesser. Die Verstärkung kann vor dem Einschlagen der Öse angenäht werden.

Auf den Drachenmittelpunkt wird die grosse Dacronverstärkung von 9 × 9 cm aufgenäht.

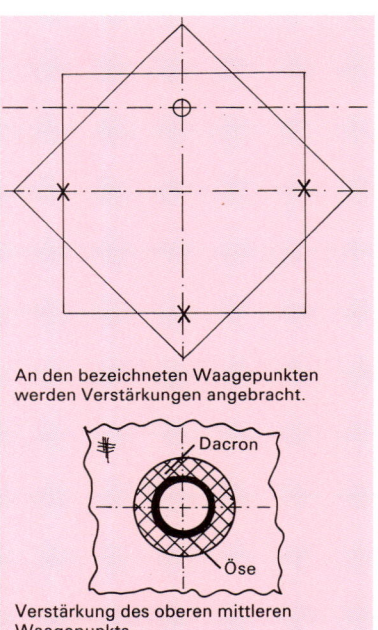

An den bezeichneten Waagepunkten werden Verstärkungen angebracht.

Verstärkung des oberen mittleren Waagepunkts

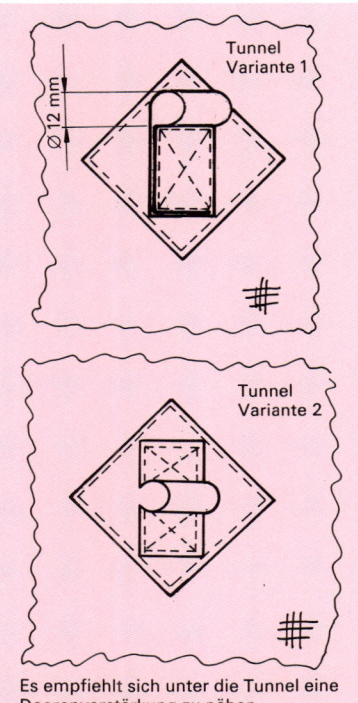

Tunnel Variante 1

Tunnel Variante 2

Es empfiehlt sich unter die Tunnel eine Dacronverstärkung zu nähen.

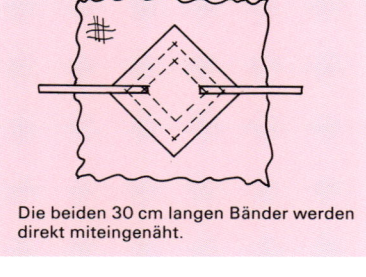

Die beiden 30 cm langen Bänder werden direkt miteingenäht.

Solange das Segel aufgespannt ist, zeichnen wir auch noch die Tunnelpositionen ein. Jeder Diagonalstab braucht zur Führung pro Seite einen Tunnel, der etwa in der Mitte zwischen Mittelpunkt und Segelspitzen angebracht wird. (Achten Sie auf das Design des Segels, und verschieben Sie den Tunnel allenfalls etwas.) Den jeweils grössten Durchmesser beachten und die Tunnel nicht zu eng machen, damit man bequem hinein- und hinausfahren kann.

Der Mittelstab sollte nach Möglichkeit mit vier Tunneltaschen geführt werden: die ersten zwei nahe beim Mittelpunkt, die beiden anderen kurz vor den entsprechenden Waagepunkten oder in der Hälfte zwischen Mittelpunkt und Spitze.

Bevor die Stabtunnel für den Mittelstab angebracht werden, muss das Dacronviereck in der Drachenmitte

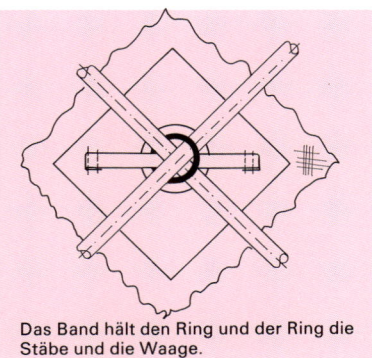

Das Band hält den Ring und der Ring die Stäbe und die Waage.

aufgenäht sein. Gleichzeitig werden die zwei Bänder von 30 cm Länge mit aufgenäht. Mit diesen Bändern werden später alle Diagonalstäbe gebunden. Die Verstärkung sollte mit zwei Nähten in etwa 1 cm Abstand angenäht werden.

Wir sind mittlerweile fast am Ende der Näharbeiten angelangt. Was noch fehlt, sind die Bänder, welche die Waageringe festhalten. Wir brauchen dazu sechs Bänder von 9 cm Länge und 7 Aluringe von mindestens 16 mm Innendurchmesser. Das Band wird an den Enden umgeschlagen und beidseitig auf die Dacronverstärkung genäht. Die Position des Bandes wird dabei so gewählt, dass die zwei Stäbe durch den Aluminiumring geführt werden können, ohne dass das Band stark verdreht werden muss. Es darf nicht gespannt sein, damit es sich von selbst anpassen kann.

Am unteren Waagepunkt in der Mitte wird ein ebensolches Band von 9 cm Länge, hier aber mit einem Aluminiumring von mindestens 20 mm, besser 22 oder gar 24 mm Innendurchmesser, angebracht. Dieser Ring muss den Längsstab und einen Querstab aufnehmen.

Tip: Wenn die beiden Stäbe nur knapp nicht durch den Ring passen, drücken wir den Ring mit einer Zange leicht in eine ovale Form.

Waage

Bevor wir die Waage montieren können, wird der Drachen gespannt. Damit wird erreicht, dass sich der Drachen «zusammenzieht». Die drei Spannschnüre verlaufen in gleicher Richtung wie die Diagonalstäbe. Die Durchbiegung soll zwischen 20 und 25 cm betragen. Zum Spannen eignet sich ideal der Schiebeknoten, an dem eine

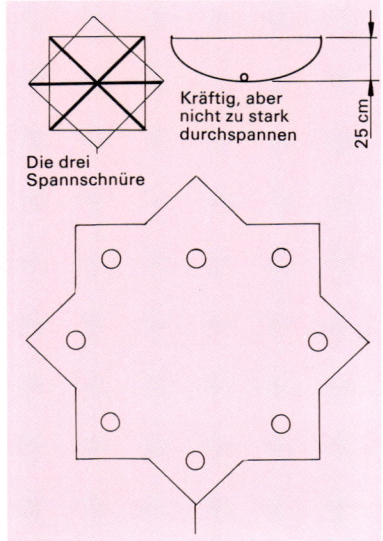

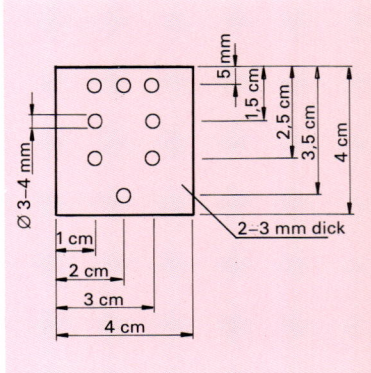

Markierung angebracht wird. Als Alternative kann man auch Schnurspanner einsetzen. Die Spann-

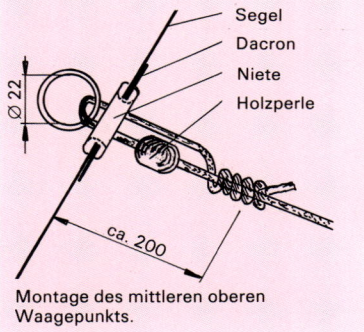

Montage des mittleren oberen Waagepunkts.

schnüre werden durch die Splittkappen der Diagonalstäbe geführt und fixiert. Damit sind sie leicht einzulegen und wegzunehmen.

Die acht *Waagepunkte* sind anhand der Zeichnung leicht zu bestimmen. Mit Ausnahme des mittleren oberen Waagepunktes befinden sich alle auf Stabkreuzungen. Dadurch wird erreicht, dass die Zugkräfte voll auf die Stäbe und erst von dort aus auf das Segel geleitet werden.

Für die Montage des oberen mittleren Waagerings benötigen wir einen Aluminiumring von 20 bis 22 mm Innendurchmesser und eine Holzperle, deren Aussendurchmesser grösser ist als der Innendurchmesser unserer Ösen. Der Aluring wird über den Längsstab geführt, die Waage durch die Öse und an den Ring geknüpft. Die Perle auf der Vor-

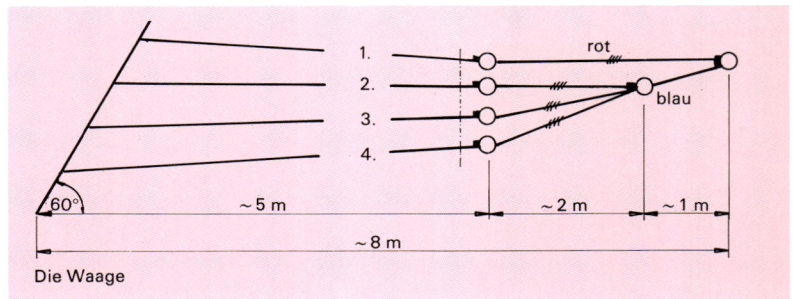

Die Waage

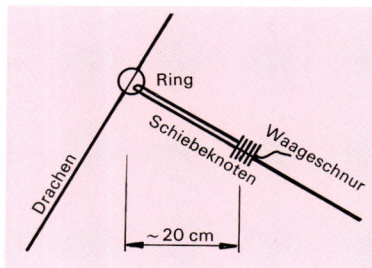

derseite verhindert, dass die Waageschnur nach innen rutscht.

Der *Waagerechen* wird aus bruchfestem Material gefertigt. Damit die Schnüre nicht verletzt werden, ist darauf zu achten, dass er keine scharfen Kanten hat. Die Waage besteht aus vier Reihen mit insgesamt acht Schnüren.

Auch beim Hakkaku setzen wir die Verbundwaagetechnik ein. Die einzelnen Schnüre sollten je etwa 40 kp Tragkraft haben, die Waageschnüre sind verglichen mit jenen des Edo kurz gehalten.

Die Grundkonstruktion des Drachens besteht aus recht langen, dünnen GFK-Stäben. Diese leichte Bautechnik muss durch die Waage ihre Festigkeit erhalten. Es ist von grösster Bedeutung, dass jede der acht Waageschnüre einen Teil der Kräfte abfängt. Ist dies nicht der Fall, verformt sich der Drachen unter dem Einfluss des Winddrucks. Die Folge kann ein schlechtes Flugverhalten oder gar ein Bruch einer Waageschnur oder des Gestänges sein.

Die oberste Reihe der Waage wird für sich allein geführt. Die Reihen 2, 3 und 4 werden auf einen gemeinsamen Ring geführt. Bis zum Hauptring empfehle ich, zur besseren Unterscheidung farbige Schnüre zu verwenden. Die Schnüre werden jeweils auf der linken Seite eng an den Ring gesleevt, damit sie nicht übereinandergeraten können. Beim Drachen wird die Schnur so gebunden, dass genügend Reserve zum Nachrichten der Waage vorhanden ist. Sie sollte mindestens 20 cm zwischen Ring und Schiebeknoten betragen.

Zum Einstellen der Waage brauchen wir mindestens zwei Helfer. Einer hält den Drachen in einem Winkel von 60 Grad, der andere hält die Waage gespannt, indem er am Waagering zieht. Zunächst richten wir die Ringe auf eine Linie untereinander aus, dann spannen wir alle Schnüre am Drachen in der folgenden Reihenfolge: 1. Reihe: Mitte, rechts, links; 2. und 3. Reihe: rechts, links; 4. Reihe: Mitte. Die Schnüre jeder Reihe müssen gleich gespannt sein.

In einem zweiten Durchgang richten wir die Reihen aus. Hierzu arbeiten wir mit den Schiebeknoten. Die oberste Reihe läuft parallel zum Boden. Die Reihen 2, 3 und 4 werden nach oben auf diesen Punkt zu geführt.

Schnurschwanz

In den asiatischen Ländern findet der Schnurschwanz aus gedrehtem oder geflochtenem Sisal (Reisstroh) oder Hanfseilen häufige Verwendung. Je nach Länge ergibt sich ein unterschiedliches Gewicht. Für unsere Drachenkonstruktion darf der Schwanz eher zu schwer als zu

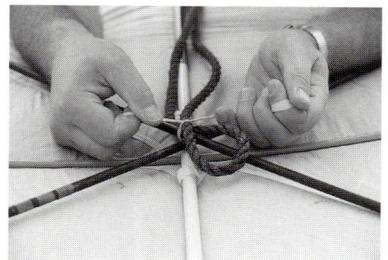

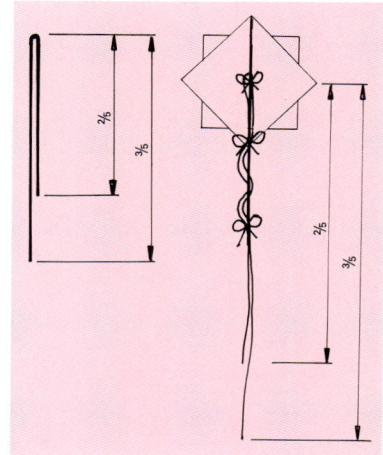

leicht sein; er sollte nach unten ziehen.

Ich unterteile das Seil in zwei Stücke von 20 beziehungsweise 30 m ($2/5$ und $3/5$ der Gesamtseillänge). So kann ich, je nach Windverhältnissen, die beiden Seile miteinander oder nur das eine der beiden Seilstücke einsetzen. Die Schnur binden wir in der Drachenmitte über den Stabkreuzungen und an der Segelspitze an. Danach winden wir das Seil 3- bis 5mal um den Längsstab. An seinem Ende wird der Schwanz zum letztenmal festgemacht.

Der Drachen schlängelt beim Start ein wenig. Dadurch schlägt das Seilende wie eine Peitsche aus. Wenn er seine Flughöhe erreicht hat, steht er aber ganz still, vorausgesetzt natürlich, dass der Wind stimmt.

Korrekturen

Der Hakkaku sollte nicht zu steif eingestellt sein. Lässt man ihn zu flach eingestellt fliegen, entwickelt der Winddruck enorme Kräfte, die früher oder später zum Bruch des extrem leichten Gestänges führen. Wird er zu steil eingestellt, kann er «wild» werden, das heisst stark nach links und rechts ausdrehen. Bei guter Einstellung jedoch steht er wie eine Eins am Himmel.

Zieht er auf eine Seite oder steht er abseits der Windrichtung, korrigiert man (vorsichtig!) mit der entgegengesetzten Schnur der oberen Waage. Natürlich muss man daraufhin kontrollieren, ob der Rest der Waage noch gut eingestellt ist. *Wichtig:* Es gilt immer zu beachten, dass die Kräfte, die auf das Segel wirken, von jeder Waageschnur anteilmässig getragen werden.

Da der Hakkaku ein grosser Drachen ist, sollten Sie Schritt für Schritt mit steigenden Windgeschwindigkeiten Ihre Erfahrungen machen. Starthelfer sind immer ein Vorteil, vor allem, da dieser Drachen am besten mit einem Hochstart zu starten ist (Achtung unter dem Schnurschwanz!). Wenn Sie spüren, dass beim Start der Druck auf den Drachen sehr stark ist, gehen Sie dem Drachen langsam ein wenig entgegen. Sofort verringert sich der Druck, der Drachen wird ruhiger.

Drachenschnur

Da der Drachen einen gleichmässigen Wind ab 2 Beaufort braucht und einen kräftigen Zug entwickelt, empfehle ich, eine Drachenleine von mindestens 90 kp Festigkeit einzusetzen. Achten Sie darauf, dass keine Knoten in den Schnüren sind; diese würden die Festigkeit reduzieren.

Dieser Drachen fliegt keinen extremen Flugwinkel und ist damit wie geschaffen dazu, eine Drachenfähre seiner Schnur entlang steigen zu lassen. Lassen Sie Bären an Fallschirmen abspringen, oder werfen Sie für die Kinder Bonbons ab. Spielen Sie mit dem Wind und geniessen Sie die Freude in den Gesichtern der begeisterten Zuschauer.

Unari

Wie bei den meisten japanischen Drachen gehört auch zum Hakkaku ein Unari, ein Summer oder Schwirrholz. Dieser sollte für diesen Drachen aus Bambusrohr gefertigt werden (im Gartenbauhandel erhältlich). Der Rohrdurchmesser ist so gross wie möglich zu wählen. Je grösser der Durchmesser, desto einfacher ist das Spalten. Die Länge des Stabs sollte 150 bis 170 cm betragen.

Der Bambusstab wird gespalten. Die Abmasse dienen als Richtwerte und müssen nur in etwa eingehalten werden. Die innere Fläche und die Kanten sollten geglättet werden. Der Stab wird solange bearbeitet, bis er gleichmässig gerundet ist. Ein Wachstumsknoten muss die Stabmitte bilden. Ist eine gleichmässige Rundung des Stabs erreicht, werden die Enden verjüngt. Es gilt darauf zu achten, dass beide Enden gleich ausgestaltet werden.

Für die Bambusstopper brauchen wir möglichst dickwandigen Bambus. Für den Schlitz wird die Form angezeichnet, mit zwei bis drei Bohrungen die Grundform geschnitten und durch vorsichtiges Feilen oder Schnitzen die endgültige Form erarbeitet.

Der Stab sollte fest im Schlitz sitzen und klemmen. In der Stabmitte wird die Werkzeugklammer angeschraubt.

Zur Montage des Unari werden auf den horizontalen Querstab des Drachens zwei Schlauchstücke (Innendurchmesser 8 mm) aufgeschoben. Das Querloch sollte 7 mm gross sein, damit das Schlauchstück fest auf dem Querstab sitzt. Die zwei 1 m langen Stäbe werden eingesetzt und an den Eckpunkten der Sternspitze festgebunden.

Der Unari wird vorgespannt. Diese Vorspannung soll in etwa der Drachenvorspannung entsprechen. Die Werkzeugklammer wird auf das Schlauchstück des Mittelstabs aufgedrückt. Die beiden Gummischnurstücke sind fest an der Kreuzung des Unari mit dem Stab verknotet. Nun ist der Unari bereit, sein Lied zu singen.

Drachentasche

Der Drachen hat ein Packmass von 170 cm. Für ein kleineres Packmass müssen Sie weitere Verbinder einsetzen, um die Stäbe auf Ihr gewünschtes Mass zu bringen. Dabei ist zu beachten, dass Sie in der Mitte der Stäbe, dort, wo die stärkste Biegung auftritt, möglichst keinen Verbinder anbringen.

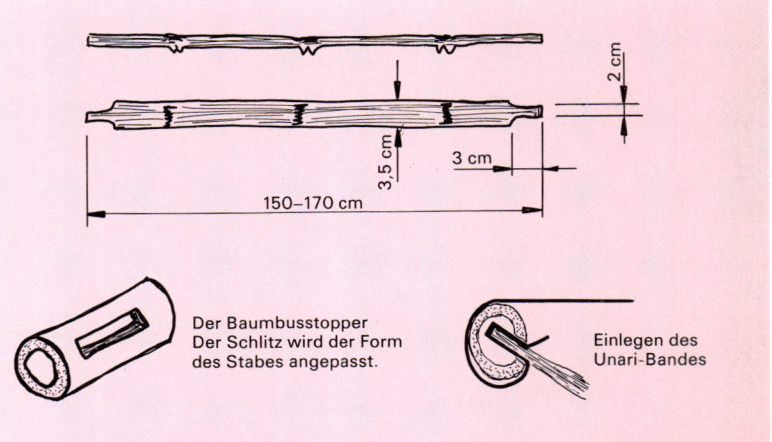

Der Baumbusstopper
Der Schlitz wird der Form des Stabes angepasst.

Einlegen des Unari-Bandes

Zubehör

Fähnchenschnur

Beeindruckend ist es, wenn an der ganzen Drachenschnur Fähnchen angenäht sind. Diese flattern lustig im Wind, und die Schnur ist schon von weitem gut sichtbar. Damit dieser Leinenschmuck auch lange hält, sind einige wenige Details zu beachten.

- Die Drachenschnur sollte eine Reissfestigkeit von mindestens 80–120 kp haben. Dementsprechend braucht es auch einen zugkräftigen Drachen, der das Gewicht von Schnur und Fähnchen tragen kann.
- Die Drachenschnur für die Fähnchenschnur sollte nicht zu fest geflochten sein. Eine locker geflochtene Schnur kann man weit besser vernähen als eine satt geflochtene. Wir benötigen eine Schnur, die sich unter dem Nähmaschinenfuss breit drücken lässt.

Vor allem der Anfang und das Ende der Fähnchen müssen gut mit der Schnur vernäht sein, da man beim Steigenlassen oder beim Einholen die Schnur durch die Handschuhe laufen lässt, und dann diese Nähte jeweils stark belastet werden.

Lange, schmale Fähnchen wirken besser als kurze, breite. Nicht aneinanderstossend, aber doch nahe beieinander auf der Schnur finde ich die beste Anordnung, doch ist dies Geschmackssache.

Bauplan

Zuschneiden und Nähen

Nachdem die Form bestimmt ist, fertigen wir für das Zuschneiden der 200 Fähnchen eine oder mehrere Schablonen an. Ideal eignet sich dazu ein Aluminiumblech, aber natürlich kann man auch Holz oder Karton verwenden. Die Fähnchen werden mit dem Lötkolben ausgeschnitten.

Zur Berechnung der benötigten Stoffmenge: Fähnchenhöhe (cm) × Fähnchenbreite (cm) : 2 = die für ein Fähnchen benötigte Stoffmenge

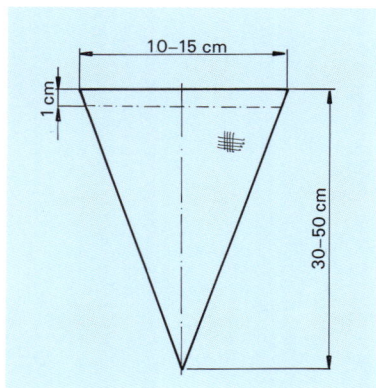

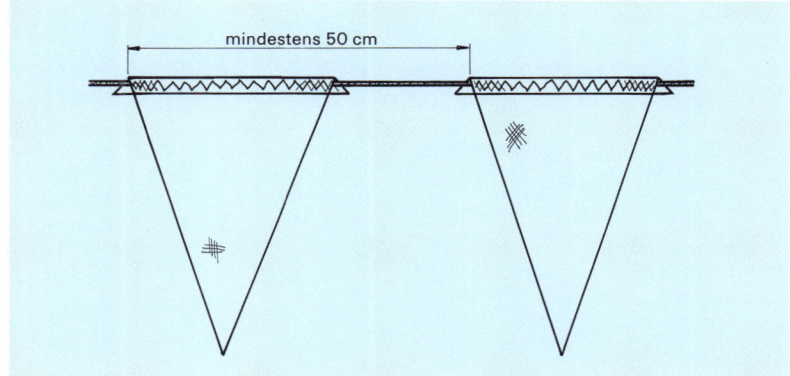

Materialliste

100 m Drachenschnur, mindestens 80–120 kp Reissfestigkeit (Stärke den Bedürfnissen entsprechend)
Ripstop in diversen Farben für 200 Fähnchen (ca. 3 m^2) – eine ideale Verwertung von Stoffresten!
2 kleine (150-kp-) Aluminium-Karabiner
Tasche für die Aufbewahrung der Fähnchenschnur

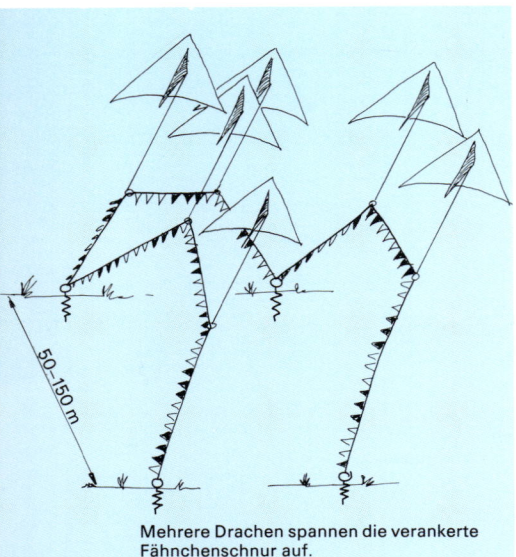

Mehrere Drachen spannen die verankerte Fähnchenschnur auf.

(z. B. 30 cm × 10 cm : 2 = 150 cm²). Aus 1 m² Stoff können somit ca. 66 Fähnchen entstehen. Dennoch brauchen wir, wegen der Abschnitte, für diese Fähnchengrösse etwas über 3 m² Stoff!

Die Fähnchen sollten immer im gleichen Abstand von 50 cm (bis 100 cm) angebracht werden. Der von mir bevorzugte Abstand liegt bei etwa 70 cm. Als Markierung für die Position der Fähnchen können 2 Stücke Isolierband auf dem Nähtisch dienen, mit deren Hilfe man die Position des nächsten Fähnchens fortlaufend während des Nähens abmisst. Man kann die Markierung jedoch auch im voraus mit Filzstift auf der Schnur anbringen.

Die Fähnchen werden einfach oder doppelt um die Schnur gefaltet und daran festgenäht. Sie werden staunen, wieviel Übung diese einfache Arbeit braucht, bis es wirklich schön aussieht. Ich nähe die Fähnchen mit einem Zickzackstich mit grosser Stichweite fest. Der Anfang und das Ende jedes Fähnchens muss immer gut durch Hin- und Herfahren vernäht werden.

Den Schnuranfang und das Schnurende sollte man unbedingt zu je einer grossen Schlaufe von etwa 5 cm verspleissen.

Das Aufwickeln einer solchen Fähnchenschnur, selbst auf grosse Rollen, wie zum Beispiel eine leere Schweissdrahtrolle, hat seine Tükken. Viel bequemer und absolut problemlos ist es, die Schnur beim Einholen direkt in eine genügend grosse Stofftasche gleiten zu lassen. Solange die Schnur nicht herausfällt, gibt es keine Verwicklungen. Das Schnurende sollten Sie jedoch immer irgendwo einhängen (z. B. in kleine Karabinerhaken), damit sie es sofort wieder finden.

Tasche

Auch die Tasche lässt sich selbst herstellen. Sie muss genügend gross sein.

Das Schlaufenband zum Zuziehen besteht aus drei Lagen und sollte für diese Taschengrösse 110 cm lang sein. Ersatzweise kann man auch eine dicke Schnur oder Endlosschuhband in entsprechender Länge verwenden.

Nach dem Zuschneiden der Stoffteile markieren wir die Kantenpositionen. Danach nähen wir den Tunnel für das Band (Vorgehen siehe Drachentasche Seite 125). Das Band liegt dabei bereits im Tunnel, aber Vorsicht, dass es nicht festgenäht wird!

Die Lasche für die Fixierung des Karabiners am Schnuranfang ist etwa 6 cm lang. Sie wird in der Mitte gleich unterhalb der 3-cm-Linie angenäht.

Dann nähen wir den Boden ein. Die Stoffkante wird dabei der Seitenkante der Nähmaschine entlanggeführt. Bei Nahtbeginn steht die eine Füsschenkante etwa 1 cm weit vor. Zuletzt wird die Seitennaht geschlossen und das Innere der Tasche nach aussen gewendet.

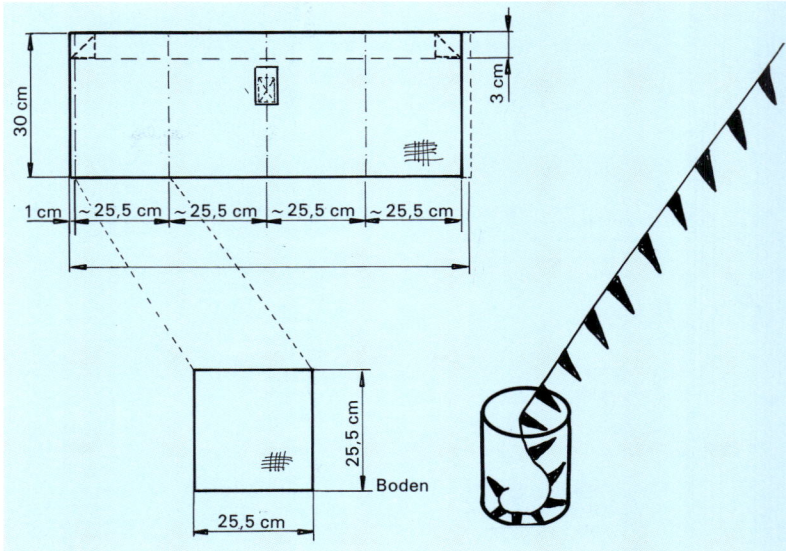

Bodenanker

Die Bodenanker dienen dazu, dem Drachenpiloten kurzzeitige Entlastung zu verschaffen. Angebundene Drachen sollte man jedoch nie unbeaufsichtigt lassen, denn ein fliegender Drachen kann unberechenbar sein.

In erdigem Boden ist der Korkenzieher meistens gut einsetzbar. Kleinere Drachen kann man an einem einzelnen Bodenanker gut einhängen, indem man die Flugschnur vier- bis fünfmal um den Haken schlingt und anschliessend noch vier- bis fünfmal um die Flugschnur wickelt. Sind grössere Kräfte zu halten, kann ein zweiter Bodenanker durch den ersten gedreht werden, um diesen zu entlasten.

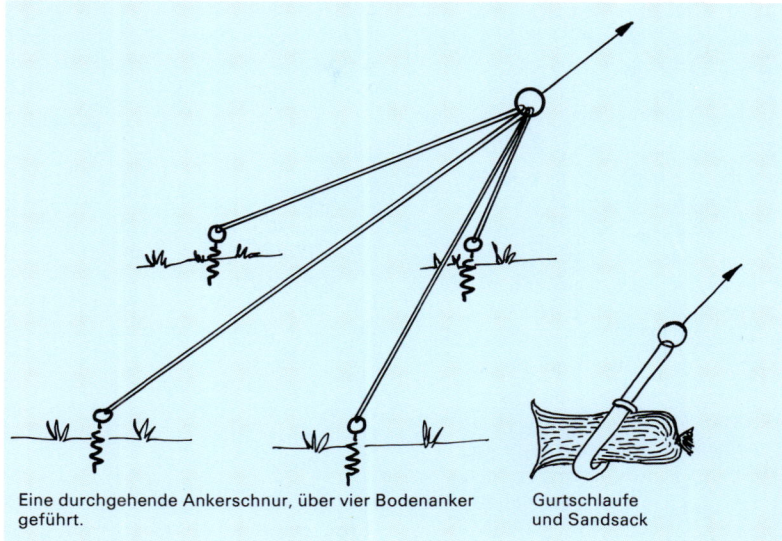
Eine durchgehende Ankerschnur, über vier Bodenanker geführt.

Gurtschlaufe und Sandsack

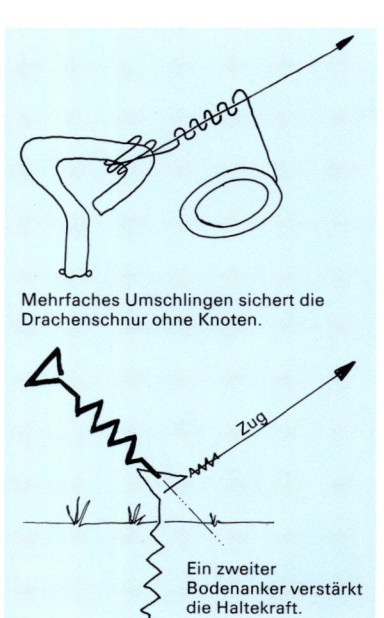
Mehrfaches Umschlingen sichert die Drachenschnur ohne Knoten.

Ein zweiter Bodenanker verstärkt die Haltekraft.

Für noch grössere Kräfte kann man aus vier Bodenankern, die im Abstand von mindestens einem Meter eingedreht werden, ein Trapez bilden. In die vier Anker wird eine geschlossene starke Schnur von mindestens 10 Meter Länge eingelegt. Die Schnüre werden in der Mitte mit einem Karabiner zusammengenommen. Die vier Leinen können sich entsprechend dem Flugwinkel des Drachens selbst nachstellen. Die Zugkräfte werden so auf alle vier Anker verteilt.

Im Sandboden helfen Bodenanker nicht viel, dafür aber ein Sandsack. Ein entsprechender Sack wird an Ort und Stelle mit Sand gefüllt und zugebunden. Um den Sack wird eine Gurtschlaufe gelegt, an der der Drachen festgemacht wird.

Ausrüstung

Eine weitere Möglichkeit bildet eine leichte Aluminiumplatte von etwa 40 × 40 cm und 3 bis 5 mm Stärke. In der Mitte bohren wir ein Loch von 8 mm Durchmesser. Alle Kanten an der Platte und am Loch werden sorgfältig gerundet. Durch das Loch ziehen wir eine starke Schnur, die gegen das Herausfallen mit zwei Aluminiumringen gesichert wird. Die Platte wird auf den Boden gelegt und mit ausreichend Sand bedeckt. Nun kann der Drachen an die herausragende Schlaufe gehängt werden. Es braucht schon viel Kraft, um einen solchen Anker herauszureissen.

Der Drachen kann auch mit einem Gurtband an einen fest im Boden sitzenden Pfahl oder an einen starken Baumstamm gebunden werden.

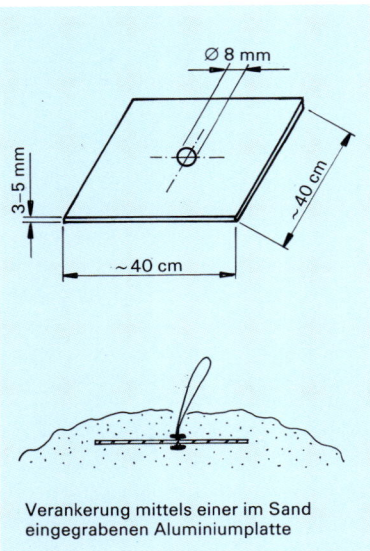

Verankerung mittels einer im Sand eingegrabenen Aluminiumplatte

Zur grundlegenden Ausrüstung gehören neben dem Drachen und Schnüren vor allem Handschuhe, Regenschutz und Mütze.

Handschuhe verhindern schmerzhafte Brand- und Schnittwunden, wenn die Drachenschnüre durch die Hände gleiten.

Obwohl *Sonnencreme* gewisse Drachenschnüre schwächen soll, gehört sie in jede Drachentasche. Lichtschutzfaktor 8 sollte es schon sein. Das Wichtigste aber ist, die Creme auch rechtzeitig und mehrmals am Tag auf alle ungeschützten Hautstellen aufzutragen. *Tip:* Nase und Ohren nicht vergessen!

Ein *Sonnenhut* gehört auf jeden Kopf, nicht nur bei Kindern. Immer öfter sieht man auch Hüte mit einem Nacken und Ohren bedeckenden Tuch daran. Eine Mode, die zur Nachahmung empfohlen ist.

Sorgen Sie mit entsprechendem *Regenschutz* vor, dass Ihnen das Wasser nicht oben beim Hals hinein und unten bei den Socken als Sturzbach wieder herausfliesst.

Drachentasche

Wichtig an der Drachentasche sind eine gegen Beschädigung gut schützende Hülle, ein sicherer Verschluss und eine gut erkennbare Etikette zur Kennzeichnung, was die Tasche enthält und wem sie gehört.

Persönlich gestalte ich meine Hüllen so, dass sie die gleichen Farben hat wie der Drachen, den sie enthält. Besonders hübsch und gleichzeitig sehr informativ ist, den Drachen im Miniaturformat auf der Hülle abzubilden. So ist der gesuchte Drachen immer rasch zu finden.

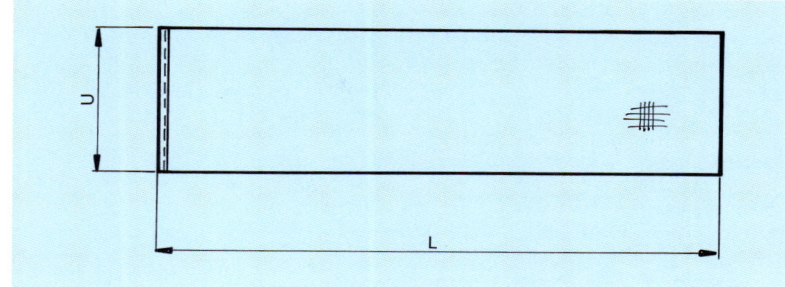

Bauplan

Zuschneiden

Damit wir die richtigen Masse für unsere Tasche erhalten, müssen wir unseren Drachen so zusammenlegen, als wollten wir ihn transportieren, also auf sein Packmass. So vorbereitet, messen wir die längste Länge (L) und den grössten Umfang (U) unseres Drachenpakets. Zu diesen Abmassen schlagen wir zur Länge 5 bis 10 cm und zum Umfang 3 bis 5 cm zu. Die Länge des Verschlussbands errechnen wir, indem wir zum Umfang (U) 15 bis 20 cm hinzuaddieren.

Nachdem die Teile ausgeschnitten sind, markieren wir zunächst die Linien, um die Ecken an der Verschlussseite umzulegen. Die restlichen Markierungen ergeben sich, soweit sie überhaupt notwendig sind, später ganz von selbst.

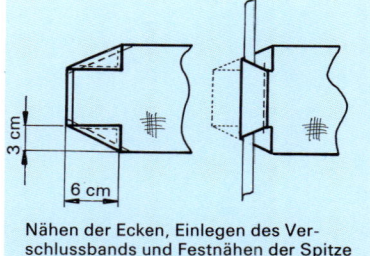

Nähen der Ecken, Einlegen des Verschlussbands und Festnähen der Spitze

Nähen

Das Verschlussband wird dreifach gefaltet und der Länge nach mittendurch mit einem etwa 2 bis 4 mm weiten geraden Stich vernäht.

Am Taschenteil legen wir zunächst die schmale Stirnseite oben einfach um und nähen den Saum. Dann legen wir die Ecken eine nach der anderen bis zu unseren Markierungen um und nähen die so entstandenen Dreiecke entlang den Kanten fest. Anschliessend wird das Verschlussband eingelegt, die Spitze wird umgefaltet und vernäht. Damit wir das Verschlussband nicht aus der Tasche ziehen, knoten wir die Enden zusammen.

Materialliste

Wir verwenden für die Drachentaschen Ripstop-Nylon. Es eignen sich aber auch andere Gewebe, Baumwollstoff, durchsichtige Materialien oder ein alter Duschvorhang.
Stoff für die Tasche, entsprechend den Abmessungen des Drachenmodells
1 Stück Ripstop, weiss, ca. 6 × 8 cm, für das Namensschild
1 Streifen Ripstop, 2 cm breit, für das Verschlussband, Länge des Bandes gemäss Paketumfang
eventuell 1 grosse Holzperle

Bevor die Längsseite mit einem etwa 5 mm breiten einfachen Saum versehen wird, legen Sie Ihr Namensschild zwischen die beiden Taschenhälften ein. So wird es direkt mit eingenäht.

Zuletzt wird die untere Seite der Tasche doppelt umgelegt und ebenfalls mit einem weiten geraden Stich vernäht. Nun können wir die fertige Tasche umstülpen.

Fertigstellen

Das Namensschild beschriften wir mit dem Drachennamen und unserer vollständigen Adresse. Ich empfehle Ihnen, diese Angaben auch auf dem Drachen selbst anzubringen.

Mit unserem Verschlussband lässt sich die Tasche einfach zuziehen. Eine zusätzliche Sicherung ist mit einer Holzperle möglich.

Durch das Loch in der Perle werden die beiden Enden des Verschlussbandes gefädelt. Eines der beiden wird von unten her ein zweites Mal durch das Loch gezogen. Auf diese simple Art erhalten wir einen Stopper, der sich kaum mehr von selbst öffnen kann.

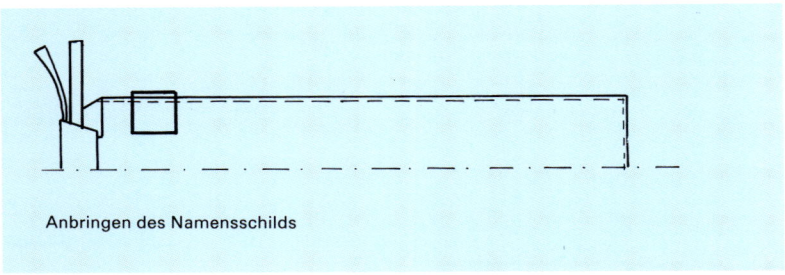

Anbringen des Namensschilds

Anhang

Sicherheit beim Drachenfliegen

Je mehr Drachenflieger dieses begeisternde Hobby betreiben, desto dringlicher wird es, zum eigenen Wohl und dem der anderen einige Sicherheitsregeln einzuhalten.

- Drachen nicht höher als 60 Meter (in Deutschland 100 Meter) über Grund steigen lassen. Je nach Steigwinkel ergibt sich daraus eine maximale Drachenschnurlänge von etwa 85 Metern.
- Die Entfernung bis zum nächsten Flugplatz muss mindestens drei Kilometer betragen. Halten Sie zu Strassen und Eisenbahnlinien soviel Abstand, dass der Drachen nicht jenseits davon landen kann.
- Zu elektrischen Freileitungen beträgt der Sicherheitsabstand mindestens 600 Meter. Sollte sich trotz aller Vorsichtsmassnahmen ein Drachen oder eine Drachenschnur in einer elektrischen Freileitung verfangen, versuchen Sie ihn auf keinen Fall selbst zu bergen. Lassen Sie die Schnur vorher los, und informieren Sie das Elektrizitätswerk oder die Polizei!
- Bei Gewitterlage keine nassen oder leitenden Drachenschnüre verwenden! Unmittelbar vor, während und nach einem Gewitter keine Drachen steigen lassen.
- Achten Sie auf die Zuschauer und auf weidendes Vieh. Meiden Sie Felder und ungemähte Wiesen mit hohem Gras. Lassen Sie Drachen nicht in der Nähe nistender oder brütender Vögel fliegen.

- Schützen Sie Ihre Hände mit Handschuhen. Die modernen Drachenschnüre können Schnitte und Brandwunden verursachen.
- Lassen Sie auf der Drachenwiese keine Abfälle zurück!

Jeder Drachenflieger muss sich bewusst sein, dass nur durch Einhalten dieser Grundregeln verhindert werden kann, dass immer öfter Flugverbote ausgesprochen werden. Unfälle darf und muss es nicht geben. Durch vorbildliches Verhalten können wir ein Beispiel geben. Man sollte auch den Mut haben, fehlbare Drachenpiloten in höflicher Art auf ihr Verhalten aufmerksam zu machen.

Windtabelle

Wer Drachen fliegen will, braucht wenigstens etwas Wind dazu, vom Indoor Kiteflying einmal abgesehen. Die Windgeschwindigkeit wird in Beaufort (Bft) angegeben. Die normale Skala reicht von 1 bis 9.
Gemessen wird der Wind mit mehr oder weniger genauen Windmessgeräten. Einen Windmesser kann man sich auch selbst bauen. Ein Tischtennisball an einer kurzen Schnur wird durch den Wind nach vorne gedrückt. Wenn das Pendel 30 cm lang ist, berechnet sich die Windstärke folgendermassen:

1 Bft = 1,5 m/s = 2,2 Grad
2 Bft = 3,1 m/s = 6,7 Grad
3 Bft = 5,1 m/s = 18,1 Grad
4 Bft = 8,2 m/s = 39,8 Grad
5 Bft = 10,8 m/s = 57   Grad usw.

Sie sehen, dass mit so einem Gerät die unteren Windgeschwindigkeiten schwierig zu messen sind.
Persönlich verwende ich nur sehr selten ein Windmessgerät. Jeder Drachen braucht bekanntlich seinen Wind. Dementsprechend gibt es für mich drei Stufen zur Windbeurteilung:

- Der Drachen fliegt nicht. Der Wind ist für ihn zu schwach oder umgekehrt der Drachen zu schwer für den herrschenden Wind.
- Der Drachen fliegt gut, das heisst: Wind gut, Drachen gut, alles gut.
- Der Wind ist zu stark für meinen Drachen. Der erfahrene Drachenpilot spürt dies frühzeitig, andere spätestens dann, wenn er im Wind zerbrochen ist.

Kts	km/h	m/sec	mph	Bft		
1	1,9	0,5	1,2	1		Windrichtung
2	3,7	1,0	2,3	1		an Rauch
3	5,6	1,5	3,5	1		erkennbar
4	7,4	2,1	4,6	2		Wind auf
5	9,3	2,6	5,8	2		dem Gesicht
6	11,1	3,1	6,9	2	Idealer Drachenwind	spürbar
7	13,0	3,6	8,1	3		Blätter
8	14,8	4,1	9,2	3		bewegen sich
9	16,7	4,6	10,4	3		
10	18,5	5,1	11,5	3		
11	20,4	5,7	12,7	4		Kleine Äste
12	22,2	6,2	13,8	4		bewegen sich
13	24,1	6,7	15,0	4		
14	25,9	7,2	16,1	4		
15	27,8	7,7	17,3	4		
16	29,6	8,2	18,4	4		
17	31,5	8,7	19,6	5		Kleine, belaubte
18	33,3	9,3	20,7	5		Bäume
19	35,2	9,8	21,9	5		bewegen sich
20	37,0	10,3	23,0	5		
21	38,9	10,8	24,2	5		
22	40,7	11,3	25,3	6		Grosse Äste
23	42,6	11,8	26,5	6		bewegen sich
24	44,4	12,3	27,6	6	Starker Drachenwind	
25	46,3	12,9	28,8	6		
26	48,2	13,4	29,9	6		
27	50,0	13,9	31,1	6		
28	51,9	14,4	32,2	7		Bäume
29	53,7	14,9	33,4	7		schwanken
30	55,6	15,4	34,5	7		
31	57,4	15,9	35,7	7	nur noch mit Spezial-Drachen	
32	59,3	16,5	36,8	7		
33	61,1	17,0	38,0	8		Äste brechen
34	63,0	17,5	39,1	8		
35	64,8	18,0	40,3	8		
36	66,7	18,5	41,4	8		
37	68,5	19,0	42,6	8		
38	70,4	19,5	43,7	8		
39	72,2	20,1	44,9	8		
40	74,1	20,6	46,0	9–12		Sturmbereich

Adressen

Drachenzeitschriften

Die Anschriften der drei zur Zeit führenden Fachzeitschriften zum Thema Drachen:

Kite Lines (in englischer Sprache)
P. O. Box, Randallstown,
Maryland 21133-0466, USA

Drachenmagazin
Brahmsallee 8
D-20144 Hamburg 13

Sport und Design Drachen
Postfach 1128
D-76530 Baden-Baden

Club-Adressen

Es ist nicht möglich, alle Anschriften aufzuführen. Doch hilft Ihnen die folgende Auswahl auf der Suche sicher weiter. In vielen Ländern gibt es auch regionale Clubs, über welche Sie bei Bedarf die Hauptadressen in Erfahrung bringen können.

Schweiz

Drachenclub Regio Basel
Postfach 19
CH-4123 Allschwil

Drachenfreunde Aarau
c/o Hanspeter Arm
Untere Torfeldstr. 10
CH-5033 Buchs

Drachenclub St. Gallen
Postfach 116
CH-9030 Abtwil/St. Gallen

Drachenclub Wehntal
Postfach 19
CH-8165 Schöfflisdorf ZH

Drachenclub Engadina
c/o Silvia Fässler
Chesetta
CH-7513 Silvaplana

S.T.A.C.K. Direktor Switzerland
Ruedi Weisskopf
Klünenfeldstr. 13
CH-4127 Birsfelden

Österreich

Fly High
1. Wiener Drachenbau- und Flugverein
Argentinierstr. 16
A-1040 Wien

Deutschland

DCB Drachenclub Berlin
Brunsbütteler Damm 334 b
D-13591 Berlin 20

Internationaler Parawingclub
Peter Wuttke
Jurastr. 7
D-70565 Stuttgart 80

Drachenclub Schwäbisch Gmünd
Franz Arz
Ahornweg 4
D-73557 Mutlangen

Frankreich

Cerf – Volant Club de France CVCF
B.P. 186
F-75623 Paris Ledex 13

Italien

Associazione Italiana
Aquilonisti – AIA
Via Dandolo 19
I-00153 Roma

Dänemark

Dansk Drage Klub
Joern Egholm Jensen
Kastanieallee 29. I th
DK-6270 Toendder

Grossbritannien

Kite Society of Great Britain
31, Grange Road
Ilford
GB-Essex IG 1 EU

Niederlande

Dutch Kite Society
P. O. Box 180
NL-6200 AD Maastricht

Belgien

de Nouveau Cervoliste Belge
Mr. Ernest Lernout
Gouden Regen 25
B-2510 Mortset

K.A.P.W.A.
Kite Aerial Photography Assoziation
c/o Michael Dusariez
Avenue Capitgaine Piret 14
B-1150 Brüssel

USA

OSOW, One sky – one world
P. O. Box 11149
Denver, CO 80211, USA

Bildnachweis:
Seite 2 und 105 Ursula Aye,
Seite 139 Maya Fischer, Seite 54 Hermann Bühler,
Seite 56, 61 sowie Umschlagbild Adrian Pabst.
Alle übrigen Aufnahmen stammen vom Autor.

© 1994
AT Verlag Aarau/Schweiz
Satz, Lithos und Druck: Grafische Betriebe
Aargauer Tagblatt AG, Aarau
Bindearbeiten: Buchbinderei Schumacher, Schmitten
Printed in Switzerland

ISBN 3-85502-476-6